意味論から見る英語の構造

移動と状態変化の表現を巡って

開拓社
言語・文化選書
15

意味論から見る英語の構造

移動と状態変化の表現を巡って

米山三明 著

開拓社

まえがき

　本書は，英語における移動表現 (motion expression) と結果構文 (resultative construction) について，日本語との比較を交えながら，その特徴を意味論の視点から分析しようというものである。私自身，これまでにも本を執筆した経験はあるが，今回の執筆にはある種の「難しさ」があった。まず第一に，今日的な意味論は，生成文法をはじめとして，現代の言語理論を踏まえて築かれてきたという経緯がある。チョムスキー的な生成文法 (Generative Grammar) に限ってみても，1960年代半ばの標準理論 (Standard Theory) から現在のミニマリスト・プログラム (Minimalist Program) に至るまでには，かなりの理論的展開があり，言語学に関心があったとしても，一般の読者の方々には理解するのが難しい部分があることも確かである。このような言語学における理論的展開の中で意味論を考えた場合，意味論自体にもテクニカルな部分が増えてきたことが同様に見られる。今回の執筆にあたっては，理論の整合性を求める過程で専門化してきた今日の意味論について，その面白さをどのようにして「わかりやすく」伝えるかということが大きな課題になった。一般の読者の方が，本書が基盤としているような意味論の考え方に，必ずしも精通しているわけではないということは容易に想像がつくからで

ある。

　第二の問題は，分析の中で取り上げる言語のことである。移動表現や結果構文に関する最近の研究の特徴として，生成文法などにおける研究が一般にそうであるように，英語だけに対象を限るということはまずないということがある。本書では，英語に関する分析が中心的なものではあるが，日本語はともかくとしても，フランス語やスペイン語の例にも言及せざるを得ないということがある。しかし，フランス語やスペイン語については，読者の方々にあまりなじみがないため，ある種の戸惑いがあるかもしれないという不安もある。

　本書を執筆するにあたって，これらの問題点については，次のように考えることにした。かなり専門化した意味論について，できるだけわかりやすく書くということを大前提としながらも，その中で必須の事項については，むしろ今日的な意味論の現状を知っていただくためにも，避けずに取り上げるというスタンスをとることとした。そのほうが，読者にとっても新しい発見があるのではないかと考えた。具体的には意味構造のことであるが，最近の意味論の成果の一つとして示すことにした。

　本書を書くにあたっては，数多くの先行研究が土台になっている。先行研究について明記することは執筆者の責任でもあるが，一方で，その一つ一つについて言及すると，いわゆるアドバンストな研究書になってしまうということがある。本書では，先行研究をそのまま引用する形での言及はできるだけ避けるようにした

一方，本文の中で用いる例文については，先行研究からのものを使い，出典を明記するようにした。本書のような場合，簡単な例文にいわば翻訳したものを使うということも考えられるが，むしろ先行研究に言及する形で提示し，その問題に関心を持たれた読者の方が，自分でも当該の本や論文に当たれるようにするというのも，一つの方法と考えた。そのために巻末の参考文献が少し多くなってしまったという懸念もないわけではない。しかし，この種の本によく見られることとして，わかりやすく書かれていることはありがたいことではあるが，その半面参考文献があまり充実していないということがある。このような本に出会うたびに，私自身ある種の物足りなさを感じた経験もあるので，参考文献については，多くなったとしても，むしろ挙げるようにした。このように，本書はできるだけわかりやすく書くことを心がける一方で，その簡略化の中で抜け落ちる部分を補う方法として，例文等の出典を示すことで，進んだ読者に対して，更なる探求の道しるべを提供することとした。

　次に取り上げる言語の問題であるが，フランス語やスペイン語については，なじみのなさに一抹の不安を感じることも確かである。しかし，いろいろな言語との比較の中で英語を相対化するほうが，かえって英語の姿がよりはっきりと見えてくるのではないかと考えている。本書で扱う移動表現や結果構文については，特にこのことが当てはまるのではないかと思っている。その意味からも，必要な場合は，フランス語やスペイン語の例についても言

及することにした。

　本書の特徴の一つは，何と言ってもヘレン・ケラー (Helen Keller) の英語を意味論的に分析したことであろう。私自身，ヘレン・ケラーを専門に研究してきたわけではないが，あることがきっかけで，ヘレン・ケラーが書いた英語の例文を集めるようになった。はじめは移動表現だけであったが，その後結果構文関連の例文についても集め，今回本書の後半を飾ることになった。彼女が書いた英語の例文を集めたことは，英語の構造について考えるよい機会となった。是非楽しみにしていただきたい。

　本書の構成は以下のとおりである。第1章では，本書の理解のために前提となる意味論の考え方について概略的な説明を行う。ここでの中心は，本書が基盤とする概念意味論 (Conceptual Semantics) の誕生とその骨格的な枠組みに関する解説である。少し専門的な箇所もあるが，概念意味論に対するおおまかなイメージをつかんでいただければと思っている。第2章では移動表現に関する検討を行う。語彙化のパターンから見た移動表現の分析を出発点として，英語の移動動詞の分類に対応させる形で，日本語の移動表現について検討する。第3章は，移動表現との関連で見た結果構文の分析である。両者の共通性を軸として，英語の状態変化表現について検討する。第4章は，ヘレン・ケラーの書いた英語についての意味論の視点から見た分析である。目と耳が不自由であった彼女が，英語という言語を習得していった様子を，移動表現と結果構文を軸に検討する。そして最後の第5

章では,それまでの分析を踏まえて,移動表現と結果構文の意味構造と統語構造について検討する。本書は,主として英語における移動と状態変化について検討するものであるが,それとの関連で,類型論的には英語とは異なるタイプとして分類される日本語,フランス語,スペイン語のような言語についても検討することにする。なお,本書では,出典については,Jackendoff (1983) のように,姓の後に出版年をつけて示し,参考文献で確認できるようにしてある。

　本書の「源流」は,やはり1984年から86年までのブランダイス (Brandeis) 大学における研究であろう。ブランダイスにおける授業等を通して,ジャッケンドフ (Ray Jackendoff) からは,言語研究は人間の研究であることを学んだ。目の前の小さなことに目を奪われることなく,遠くを見ながら大きな視野に立って考えるという教えは,その後の研究の重要な柱となってきた。

　本書は,これまでに学会や研究会それに集中講義などで行った発表が土台となっている。そのような折に発表の機会を与えてくださった方々に心より感謝の意を表します。また,Guy Modica 氏と John Scahill 氏には,インフォーマントとして大変お世話になりました。最後に,開拓社の川田賢氏には,本書の出版までいろいろとご配慮いただきましたこと,改めて厚くお礼申し上げます。

　2009年6月

米山　三明

目　次

まえがき　*v*

第1章　意味の世界へようこそ……………………………… *1*
はじめに　*2*
1.1.　意味論の考え方　*3*
1.2.　カテゴリー化　*5*
1.3.　意味構造について　*9*
1.4.　項と付加詞　*12*
1.5.　概念意味論について　*13*
1.6.　空間と言語　*20*
1.7.　語彙意味論について　*23*

第2章　移動表現を分類する……………………………… *25*
はじめに　*26*
2.1.　語彙化のパターンから見た英語と日本語　*26*
　2.1.1.　英語と日本語　*26*
　2.1.2.　言語の類型　*27*
　2.1.3.　様態と経路　*29*
2.2.　前置詞の機能　*31*
2.3.　英語の移動表現　*34*
　2.3.1.　英語の移動動詞の分類　*36*
　　2.3.1.1.　Aタイプ：様態を伴わない移動動詞　*36*
　　2.3.1.2.　Bタイプ：様態を伴う移動動詞　*39*
　　2.3.1.3.　Cタイプ：動きを伴う行為動詞　*48*
　　2.3.1.4.　Dタイプ：動きを伴わない行為動詞　*51*
　　2.3.1.5.　音放出動詞　*56*
　　2.3.1.6.　その他のタイプ　*58*

2.3.2. 英語の移動動詞の構造　*63*
   2.3.3. 関連した事項　*64*
      2.3.3.1. climb の意味分析：優先規則　*64*
      2.3.3.2. 意味拡張　*69*
 2.4. 日本語の移動表現　*71*
   2.4.1. 英語と日本語の対比　*71*
   2.4.2. 非有界的経路　*72*
   2.4.3. 「まで」　*74*
 2.5. 二種類の経路　*76*
 2.6. 傾向としての語彙化　*78*

第3章　移動表現との関連から見た結果構文 ………………… *83*
 はじめに　*84*
 3.1. 結果構文に現れる自動詞　*85*
 3.2. 直接目的語制約　*87*
 3.3. 結果構文の分類　*90*
 3.4. 結果構文と移動表現を共通のものと見る考え方　*93*
 3.5. 移動表現の位置づけ　*96*
   3.5.1. 解釈規則　*96*
   3.5.2. 空間表示　*98*
 3.6. 結果構文と移動表現の類似性　*99*
 3.7. 結果構文における擬似再帰代名詞　*101*
 3.8. in, to, into　*103*
 3.9. 移動表現と結果構文の役割分担　*108*

第4章　ヘレン・ケラーを通して見る英語の構造………… *111*
 はじめに　*112*
 4.1. 移動表現　*113*
   4.1.1. way 構文　*115*
   4.1.2. 音放出動詞　*118*
   4.1.3. 解釈規則　*120*
   4.1.4. climb　*120*
 4.2. 結果構文　*122*

4.3. into *125*

第5章　移動表現と結果構文の意味構造・統語構造 …… *131*
はじめに　*132*
5.1. 二種類の経路再考　*132*
5.2. 日本語における移動表現再考　*137*
5.3. 非有界的な経路との共起　*138*
5.4. (非)完結性と(非)有界性　*141*
5.5. 移動表現の意味構造　*148*
5.6. 結果構文の意味構造　*153*
5.7. 移動表現と結果構文の統語構造　*155*

あとがき ………………………………………………… *161*

参考文献 ………………………………………………… *163*

索　引 …………………………………………………… *169*

第 1 章

意味の世界へようこそ

はじめに

　われわれは毎日の生活の中で,さまざまなものに対して「意味解釈」を行っている。雲の形を動物に見立てたり,天気と自分の気持ちを関係づけたり,また,たまたま起こった出来事を幸運の前兆と捉えたりすることがある。このような中で最も中心的なものが,言語使用における意味解釈であろう。ただし,雲の形,天気,たまたま起こった出来事の解釈と言語における解釈の間には,大きな違いがある。前者がかなり恣意的で個人的なものであるのに対し,後者の言語使用における解釈は社会的なもので,そこにはある種の「決まり」があるということである。話し手が発する文に対して,聞き手は自由勝手に解釈をすることはない。そのようなことをすれば,円滑なコミュニケーションは成り立たなくなるからである。そうは言っても,意味解釈はあくまで人間の心を基盤とした行為であることは間違いない。相手の言ったことを,相手の意図とは違った形で皮肉や脅迫と捉えたりすることもありうるからである。

　意味論に対しては,いろいろな考え方があることはもちろんであるが,私自身は,心の働きとしての意味解釈に基づいた意味論に興味がある。人間がコミュニケーションをする際には,ある種の共通理解が必要であるが,話し手と聞き手の間にはどのような共通理解があって,それはどのように言語によって表すことができるのであろうか。本書で主として取り上げる移動表現は,人間

の心の働きとしての意味解釈が「見える」表現といってよいであろう。特に移動表現に関しては，文の容認可能性の判断に「揺れ」が見られる場合もあるが，そこには人間が行っている意味解釈の反映を見ることができる。

本書では，そのような人間の心の働きに光を当てながら，移動と状態変化に関する表現を意味論的に考察することにする。その考察を通して，英語の構造の持つ特徴を，日本語，フランス語，スペイン語との比較の中で浮き彫りにしたいと考えている。言語を分析する際は，分析対象となる言語だけを見るよりは，その言語を相対的に見るほうが，いろいろな面が見えてくるものである。

1.1. 意味論の考え方

人間は，5歳くらいまでの間に第1言語（いわゆる母国語）の基本的な部分を習得し，成人になるとその言語について無限の文を操る能力を備えることになる。このような能力は，人間だけに備わっているもので，この能力を基盤として，人間が無限の文を作り出す性質は一般に言語使用の創造的側面（creative aspect of language use）と呼ばれている。このような人間だけが遺伝的に継承する能力の解明を目指したのが，チョムスキー（Noam Chomsky）の提唱した生成文法である。1950年代の後半に誕生し，今日に至るまでのさまざまな展開の中で，現在の言語研究の

土台を築いてきたといってよいであろう。本書が基盤とする枠組みも，大きく見れば生成文法的な考え方の上に立っている。言語学が研究対象とするいわゆる文法は，大きく見れば三つの分野から成り立っている。言語の形式的・構造的な面を扱う統語論 (syntax)，意味の面を扱う意味論 (semantics)，それに音に関する問題を扱う音韻論 (phonology) である。これら三つの分野は，相互に関連を持っていることは言うまでもないことではあるが，本書において検討対象とするのは主として意味論ということになる。

それでは，言語における意味とはどのようなものであろうか。言語学において意味論をどのように位置づけるかということに関しては，必ずしも統一された考え方があるわけではない。言語の意味が人間の思考と関連するものであると考えると，意味論が対象とする言語現象は大きな広がりを持つことになる。特に，最近の言語学においては，言語学を人間研究としての認知科学 (Cognitive Science) との関連で捉えるようになっているが，そのような考え方の中では，意味の問題は単に言語という領域だけに限定されるものではなく，他の感覚様相を含めた心の働きとして考えられることになる。このあたりのことを手がかりにして，本書で扱う意味論の考え方を簡単に整理しておくことにしよう。

まず，本書で対象とする意味は，同義性 (synonymy) や反意性 (antonymy) など単語を単位とした意味関係や意味の歴史を扱うものではないということである。もちろんこれらの問題は，

それ自体重要な問題であることは確かであるが、本書が主として扱う問題は、人間の認知 (cognition) を基盤として行われる言語使用において、動詞などの単語の意味がどのように文の構造に反映されるかということである。言い換えれば、視覚などから得られる言語以外の情報と意味論との関係、および、意味論と文の構造を扱う統語論との間の関係ということになる。

1.2. カテゴリー化

1.1 節では、本書で対象とする意味論は、人間の認知との関係を基盤としたものであると述べたが、人間の認知にとってもっとも基本的なことは、あるものがあるカテゴリー (category) に属すかどうかを判断する能力を人間が備えているということと考えることができる。(対象をカテゴリーにまとめる心の働きは、カテゴリー化 (categorization) と呼ばれる。) たとえば、(1) においては、線的な連続性がないにもかかわらず、われわれは四つの点によって「正方形」を認識することができる。このことは、正方形の判断において必要になるのは、必ずしも空間的な連続性ではなく、心に表示された連続性ということであり、人間による解釈が重要な役割を果たすことを示していると言える。

(1) ・   ・

          ・   ・

(Jackendoff (1983))

　また，現実の世界には存在しない一角獣を他の動物と同じように名詞として捉えることや，東京と大阪の間の距離を一つの実体としてとらえることも，人間の解釈に基づいたカテゴリー化の働きによるものといえよう。人間が，新しいものに出会った際，その対象（トークン（[TOKEN]）と呼ぶ）がどのようなもの（タイプ（[TYPE]）と呼ぶ）に属すかについて適切な判断ができるということは，人間の心の中にタイプに関する情報が備わっているためと考えることができる。この情報は，視覚などの感覚領域を通して得られるもので，タイプの中には新しいカテゴリー化を可能にさせるような原理ないしは条件のようなものがあると考えられる。このような原理や条件がなければ，われわれが新しいものに出会った際に，それがどのようなものに属すかということを正しく判断することはできないはずである（Jackendoff (1983)）。

　ヘレン・ケラー（Helen Keller）と人形の出会いにも，カテゴリー化の問題が関係しているように思われる。サリヴァン先生は，ヘレンに人形をあげた際，彼女の手のひらに「d-o-l-l」と書いて（第4章 (13) 参照），それが「人形」と呼ばれるものである

ことを教える。しばらくして，ヘレンが前からもっていた別の人形を渡し，同様に彼女の手のひらに「d-o-l-l」と書いた。普通の子供の場合であれば，視覚等を通して得られる情報によって，どちらも「人形」として理解できるのであろうが，目と耳の不自由なヘレンにとっては，事物には名前があること，そしてその名前は一つのものを表すものではなく，共通の性質を持つものに対しても使われるものであるということを理解することは難しかったのではないかと思われる。そのためとも思われるが，新たにもらった人形をずたずたに壊してしまうのである。もちろん，その後の勉強を通して，きちんとした理解に達することになるが，そこに至るまでには大変な苦労があったことが想像される。当初は，水の入ったマグカップについて，水とその入れ物としてのマグカップを区別することも彼女にとっては難しかったようである。目と耳が不自由な彼女が，最終的に人間の言葉について読み・書き・話すことができるようになったことは，やはり一つの奇跡といってよいであろう。ヘレン・ケラーの言語使用については，第4章で具体的な例を挙げながら考えることにする。

　なお，カテゴリー化については，いわゆる必要十分条件では規定することはできないということがある。以下の (2) のような場合では，どれを花瓶，カップ，ボールとして判断するかに際して，(b) や (d) のような場合には，中間的な状況にあり，どちらにもとれるということがある。

(2)

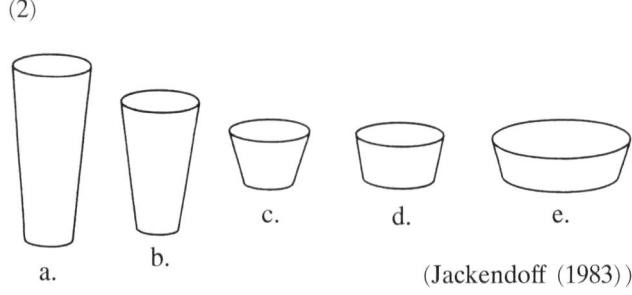

(Jackendoff (1983))

　今までのことをまとめてみると次のようになろう。人間はまったく新しいものに出会った際にも何らかの判断ができるわけであるが、そうだとすれば、カテゴリー化の判断は創造的なものであり、何らかの原理や条件によって支配されていると考えることができる。しかし、あるものがどのタイプに属すかについては、どちらにもとれるというような境界線上の場合もありうるため、判断は yes（ハイ）／no（イイエ）／not-sure（どちらともいえない）のパターンを持つといえる。実は、文が文法的かどうかということについても、同様のことが言え、はっきりと文法的、非文法的と判断できる場合もあれば、どちらにもとれるという場合もある。本書の中で取り上げる例文の中にも、文法性が必ずしもはっきりしない場合もあれば、また、人によって判断が異なる場合もある。いずれにしても、この種の判断は、人間の心が行う解釈によるものと考えれば、人間がさまざまな情報に基づいて判断している状況が浮き彫りになるはずである。私自身は、言語が持つこのような人間的な面に興味があり、それを言語の構造との関係の

中で，できるだけ説得力を持って説明したいと考えているのである。

1.3. 意味構造について

意味論においては，意味構造ということがよく言われる。意味構造とはどんなものであろうか。たとえば，「ジョンが駅へ行った」という状況を考えてみよう。この状況は以下のような簡単な絵でも表すことはできる。

(3)

(3) は全体としてある事象（event）を表している。その事象は，ジョンが駅まで移動することから成り立っている。中学・高校では $y=f(x)$ のような関数を習ったはずである。x に入る数字が変われば y の値も変わってくる。これと同じような考え方で，たとえば f を移動を表す関数と考えてみよう。移動という関数は，移動するものとその経路を取るはずである。そこで，このような関数の考え方に立って，(3) のような絵を関数を用いて表してみると，次のようになる。

(4)　[Event GO ([Thing JOHN], [Path TO ([Thing STATION])])]

(4) は全体としては,「ジョン」という事物 (Thing) が「駅へ」という経路 (Path)(経路の中には「駅」という事物 (Thing) が埋め込まれている) に沿って「移動」(GO によって示されている) するという事象 (Event) を表している。この場合, 移動するものや経路が異なれば, 事象全体の意味も異なってくる。(4) のような意味構造は, 日本語においても平行して考えることができるであろう。それでは, この意味構造に対応する統語構造はどのようなものであろうか。英語では (5a), 日本語では (5b) のような統語構造が対応しているといえよう。

(5) a. John went to the station.
 b. ジョンは駅へ行った。

そして, (4) と (5) の対応を支えているのが対応規則 (correspondence rule) と呼ばれるものである。このような対応規則については, 本来であれば細かく規則を示して説明すべきものであるが, 本書では特に必要のない限り, 対応規則の実際の運用については触れないこととする。このような枠組みでは, 意味論が独自に意味の構造を作り出すことになるが, 正しい意味構造であればそれに対応する統語構造は存在すると考えてよいであろう。

なお, 動詞などの意味構造の背景には, いわゆる語彙分解 (lexical decomposition) という考え方がある。単語は不可分なものではなく, 内部構造を持つというもので, kill を CAUSE TO DIE のように分解して考えるのは有名である (Fodor (1970))。

たとえば，(6) のような例には「もう少しで家を建て始めるところだった」と「もう少しで家が完成するところだった」という二とおりの読みがある (Pustejovsky (1991)) が，build について「家が完成するようにする」というような意味を想定すれば説明できるであろう。

(6)　John almost built the house.

また，一見すると時が矛盾するため非文に思えるような次の例も，lend が「ある期間他の人が所有することを許す」のような意味を持つと考えれば説明できるであろう。そして，このことは日本語についてもそのまま当てはまりそうである。

(7)　Yesterday John lent me his bicycle until tomorrow.
　　　（ジョンは昨日，明日まで自転車を貸してくれた）
　　　　　　　　　　　　　　　　　　　　　　（太田・梶田 (1974)）

ただし，Fodor (1970) が kill の語彙分解についてその問題点を指摘しているように，語彙分解の手法をいわば固定した形ですべての場合に適用することには無理もあるようである。今日的な意味論の発展は，いかにして語彙分解の不備を補うかという問題意識と関連していることには注意してよいであろう。その点では，1.3.3.1 節で検討する優先規則 (Preference Rule) の考え方も，語彙分解の不備を補う一つの方法と言えよう。

1.4. 項と付加詞

統語構造を考える際には，ある動詞がどのような要素を必要とするかということが問題になる。以下の文を見てみよう。

(8) a. John slept for eight hours.
(ジョンは8時間寝た)
b. John gave a book to Mary yesterday.
(ジョンは昨日メアリーに本をあげた)
c. John put the book on the table.
(ジョンはテーブルの上に本を置いた)

(8)からもわかるように，sleep の場合は，寝る行為をする主語だけが必要で，そのほかには特に必要なものはない。give の場合は，与える人と与える物，さらにそれを受け取る人が必要になる。また，put の場合は，置く人，置かれるもの，さらに置かれる場所が必要となる。これらのことは，動詞が正しく文の中で使われるためには知っていなければならない事柄で，文を成立するために必要なものは，一般に項 (argument) と呼ばれる。一方，そのほか付属的なものは付加詞 (adjunct) と呼ばれる。(8)では，for eight hours や yesterday は付加詞ということになる。実は，意味構造についても同じようなことが当てはまる。上で見たように，GO が事象関数になる場合は，その項として移動するものと経路の二つが必要となる。

1.5. 概念意味論について

今まで，特に断りもなく意味構造について述べてきたが，これは一般に語彙概念構造 (lexical conceptual structure: LCS) と呼ばれるものである。語彙概念構造については，必ずしも研究者の間で統一的な表記方法が決まっているわけではない。(4) で用いた表記法は，本書が基盤とするジャッケンドフ (Ray Jackendoff) の概念意味論で用いられているものである。ここで，ジャッケンドフの概念意味論の誕生とその骨格的な考え方について，簡単にまとめておくことにする。

ジャッケンドフは，生成文法における意味論研究として 1972 年に *Semantic Interpretation in Generative Grammar* (生成文法における意味解釈) を出した後，チョムスキー的な生成文法の基本的な考え方は維持しながらも，次第に人間の認知に基づく研究にシフトしていった。それまでは，意味論が満たすべき条件としては，(a) 自然言語における意味の差異を正しく記述する表現性 (expressiveness)，(b) 言語間の翻訳可能性を支える意味構造の普遍性 (universality)，(c) 文の意味に見られる，部分を全体に関係づける構成性 (compositionality)，(d) 同義性や分析性などの意味の特性 (semantic properties) を正しく説明できるということがあったが，ジャッケンドフはこれだけでは思考と言語の関係を十分に説明することはできないとし，1983 年の *Semantics and Cognition* (意味論と認知) では，これらのほかに文法

制約 (Grammatical Constraint) と認知制約 (Cognitive Constraint) を追加した。前者は，たとえば文における動詞と目的語の関係など，その使われ方について，意味論が辞書 (lexicon) と統語論の間にある一般性を正しく説明するものでなければならないこと，また，後者は，意味論が言語的な情報と視覚などほかの感覚器官からの情報を両立させるようなレベルを備えていなければならないことを述べたものである。このようなレベルがなければ，種々の感覚から得た情報を言語で表現することはできないというもので，このレベルを概念構造 (Conceptual Structure) と呼んだ。従来の制約のほかに上に挙げたような二つの制約を加えたことにより，意味論は自立的な分野として，独り立ちに向けて大きく前進することになる。なお，上で見た文法制約と認知制約は，制約というよりは，意味論が統語構造との関係を重視すること，種々の感覚器官からの情報を解釈するレベルとして概念構造を設けることを表明したものと考えてよいであろう。これが概念意味論の誕生である。なお，今日に至るまでの理論的な展開の集大成として，2002 年には *Foundations of Language* (言語の基盤) が出版されている。

　ただし，一口に概念意味論とはいっても，理論の精緻化の過程では，語彙概念構造などの表記方法も必ずしも共通のものが使われてきたわけではなく，初期の頃と最近の表記法を比べてみると，かなり違ったものになっていることも確かである。しかし，その精神は共通していることを考えれば，本書における記述とし

ては，初期の意味構造表記で十分に耐えられると思っている。この精緻化の問題は，チョムスキーの生成文法を含め，最近の言語学について共通に言えることでもある。理論の整合性を求める中で，どうしても複雑になってしまうことは避けられないのが実情であるが，重要なことは，言語分析にとって必要なポイントをきちんと見極めることであろう。本書では，このような理論の精緻化には，必要に応じて対応してゆくという考え方をとることにする。なお，いわゆる意味構造については，概念構造，語彙概念構造，LCS などいろいろな呼び方があるが，本書では，「意味構造」という呼び方に統一し，言語を含む種々の情報を扱うレベルとしてジャッケンドフが提案した「概念構造」と区別することにした。

本書が基盤とする概念意味論の誕生には，たとえば動詞 keep が (9) のようにいくつかの意味領域（これは，一般に意味場 (semantic field) と呼ばれる）で使われるということがきっかけの一つになっている。

(9) a.　keep the book on the shelf
　　　　（本を本棚に置く）[空間]
　　b.　keep the book（本を所有する）[所有]
　　c.　keep Bill angry（ビルを怒らせる）[状態]

(Jackendoff (1983))

動詞 keep が空間，所有，状態などの領域に平行して用いられる

ことにジャッケンドフが着目したことになる。以下の例でもう少し詳しく見ることにしよう。

(10) a. 空間的位置と移動 (spatial location and motion)

　　　The bird went from the ground to the tree.

　　　（鳥は地面から木へ移った）

　　　The bird is in the tree.

　　　（鳥は木の中にいる）

　　　Harry kept the bird in the cage.

　　　（ハリーは鳥を籠の中に飼っていた）

　b. 所有 (possession)

　　　The inheritance went to Philip.

　　　（遺産はフィリップのものになった）

　　　The money is Philip's.

　　　（お金はフィリップのものである）

　　　Susan kept the money.

　　　（スーザンはお金を所有していた）

　c. 特性の帰属 (ascription of properties)

　　　The light went/changed from green to red.

　　　（信号は青から赤に変わった）

　　　The light is red.

　　　（信号は赤だ）

　　　Sam kept the crowd happy.

(サムは群集を幸せにした)

d. 活動の予定 (scheduling of activities)

The meeting was changed from Tuesday to Monday. (会議は火曜日から月曜日に変更になった)

The meeting is on Monday.

(会議は月曜日だ)

Let's keep the trip on Saturday.

(旅行は土曜日にしておこう)

(Jackendoff (1990))

(10) からは，空間概念と所有，状態などの抽象的概念の平行性が見られるが，これらは以下のような意味構造を考えると説明できるであろう。

(11) a. $[_{Event} GO([\ \ ], \begin{bmatrix} FROM([\ \ ]) \\ _{Path} TO([\ \ ]) \end{bmatrix})]$

b. $[_{State} BE([\ \ ], [_{Place}\ \ ])]$

c. $[_{Event} STAY([\ \ ], [_{Place}\ \ ])]$

(Jackendoff (1990))

要するに，(11) に示された違いは意味領域の違いに過ぎず，重要な点は，三つの意味領域が平行した意味構造を持つということである。人間において見られる所有や権利などの基本的な関係は，空間概念と同じように生得的なものであるということである。その際，人間にとっては空間的なものが最も目立つもので

あるということがいえるであろう (Jackendoff and Aaron (1991))。なお，抽象的な概念は空間概念からの比喩的拡張 (metaphorical extension) として考える立場もあるが，この考え方も，ある意味では空間的な概念が目立つものであるということの反映と考えることもできよう。比喩的拡張の考え方については，Lakoff (1987) や Lakoff and Turner (1989) を参照されたい。

上では，人間の認知という観点から意味構造について触れたが，この点について，もう少し細かく見ることにしよう。以下は，ジャッケンドフがあげている基本的な関数と項の組み合わせによる構造である。

(12) a. $[\text{PLACE}] \rightarrow [_{\text{Place}} \text{PLACE-FUNCTION}([\text{THING}])]$

b. $[\text{PATH}] \rightarrow \left[_{\text{Path}} \begin{Bmatrix} \text{TO} \\ \text{FROM} \\ \text{TOWARD} \\ \text{AWAY-FROM} \\ \text{VIA} \end{Bmatrix} \left(\begin{bmatrix} \begin{Bmatrix} \text{THING} \\ \text{PLACE} \end{Bmatrix} \end{bmatrix} \right) \right]$

c. $[\text{EVENT}] \rightarrow \begin{Bmatrix} [_{\text{Event}} \text{GO}([\text{THING}], [\text{PATH}])] \\ [_{\text{Event}} \text{STAY}([\text{THING}], [\text{PLACE}])] \end{Bmatrix}$

d. $[\text{STATE}] \rightarrow \begin{Bmatrix} [_{\text{State}} \text{BE}([\text{THING}], [\text{PLACE}])] \\ [_{\text{State}} \text{ORIENT}([\text{THING}], [\text{PATH}])] \\ [_{\text{State}} \text{EXT}([\text{THING}], [\text{PATH}])] \end{Bmatrix}$

e. $[\text{EVENT}] \rightarrow \left[_{\text{Event}} \text{CAUSE} \left(\left[\left\{ \begin{array}{c} \text{THING} \\ \text{EVENT} \end{array} \right\} \right], [\text{EVENT}] \right) \right]$

(Jackendoff (1990))

どうであろうか。だいぶ慣れていただいたのではないだろうか。われわれが日常体験する出来事は、ほぼこれらの構造によって表すことはできそうである。難しいことはなく、それぞれが、関数と項の組み合わせからできているということである。(12)について簡単に見ておこう。

(12a) は場所を表す範疇が Place 関数と事物項に展開され、たとえば under the table のような統語構造に対応することになる。(12b) は同様に経路を表す範疇について、五つの関数と事物項または場所項に展開されることを示している。({ } は、いずれか一つが選択されることを示す。) to the station の場合は the station が事物を、また、from under the table の場合は under the table が場所を表している。(12c) は事象を表す範疇が、GO (移動) または STAY (状態) の関数をとり、それぞれが二つの項をとっている。それぞれ、たとえば John went to the station. (ジョンは駅へ行った) や John stayed in the kitchen. (ジョンは台所にいた) のような文に対応している。(12d) は事象が状態の場合を表し、BE 関数をとる場合は John is in the park. (ジョンは公園にいる) のような文に対応する。一方、ORIENT (指向) 関数をとる場合は、The sign points toward

New York. (標識はニューヨークのほうを指している) のような文に対応し, EXT(ENSION) (拡張) 関数をとる場合は, The road goes from New York to Boston. (道路はニューヨークからボストンへ延びている) のような文に対応する。また, (12e) はいわゆる使役構文に対応する場合であり, John pushed the box into the room. (ジョンは箱を部屋の中へ押し込んだ) などの文に対応する (Jackendoff (1990))。

1.6. 空間と言語

　人間は, 目で見たものを言語で表現することができる。それは, (3) で見た絵による表現とも通じるところがある。そうなると, いわゆる視覚 (vision) と言語との間には, 何らかの連絡があると考えてよいであろう。視覚については, 人間が目で見た状況について, そのままの情報が言語の領域に送られるというのではなく, 何らかの形で抽象化された情報が, 言語と両立するような形で送られてくると考えられる。物の形状なりを長期的に記憶できるのは, そのものに関する安定した情報が蓄積されているためと考えることができる。たとえば, 象やキリンなどの絵が, 上手下手の違いはあっても, ほぼ同じような形で描かれることを考えると, 人間にはこれらの動物に関するかなり安定した情報が構造化されているということが言えよう。そして, 人間が空間や外界の事物について話すことができるのは, その情報を「解釈」す

るレベルが存在し，そのレベルと空間からの情報に何らかの連絡（インターフェイス (interface) と呼ばれる）があるということなのである。言い換えれば，視覚などを通して得られる空間に関する情報（これを空間表示 (spatial representation) という）はそのままの形で言語情報に送られるのではなく，その途中で「解釈」がなされるということである。空間に直接的に関係する言語表現としては，いわゆる前置詞 (preposition) があるが，たとえば in の用法に関しては，単なる「囲み」(surroundedness) だけではなく，「包含」(containment) の要素が必要になる。それにより，(13) の絵に対応する (14) のような文には文法性の差が生じる。

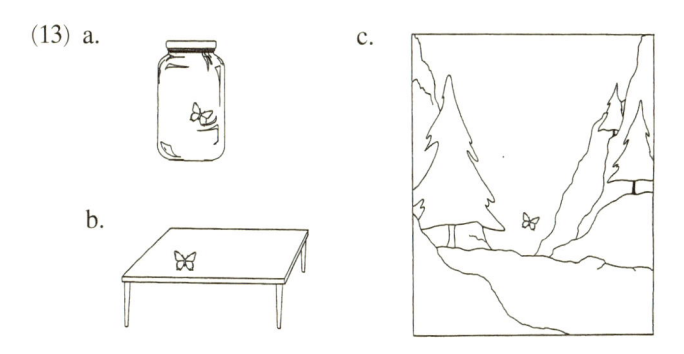

(13) a.　　　　　　　　　　　c.

　　 b.

(14) a.　The butterfly is in the jar.

　　　　（蝶が壺の中にいる）

　　 b.　*The butterfly is in the tabletop.

　　 c.　The butterfly is in the canyon.

(蝶が渓谷の中にいる)

(Peterson, Nadel, Bloom and Garrett (1996))

(14b) の場合には「包含」の概念がないために非文となるが、この「包含」の概念は、単なる空間的属性によるものではなく、「解釈」によると考えることができる。(本書においては、非文法的な文には *、また、やや不自然な文には ? をつけて示すことにする。) そして、このような空間表示と言語の間にあって両方の情報を「解釈」するレベルが概念構造ということになる。なお、空間認識を支える感覚領域としての視覚 (vision) については、マー (Marr (1982)) が初期スケッチ (primal sketch)、2 1/2 次元スケッチ (2 1/2 D sketch)、3 次元モデル (3 D model) の三つに分けて分析している。これらのレベルは、網膜を通して目に見えたものが認識されるまでの過程に対応しているが、対象を最終的に長期記憶の中で把握するのが 3 次元モデルである。ジャッケンドフは、長期記憶の中で規定される 3 次元モデルを概念構造と関連づけることにより、言語と視覚の関係を処理している。たとえば、duck, goose, swan などの名詞、run, walk, jog などの動詞の区別については、概念構造において言葉で規定することが難しいため、3 次元モデルの情報を用いることになる。本書における意味分析においても、移動動詞の様態については、暫定的に [RUNNING] や [CLAMBERING (這う)] のような表記を使う場合があるが、以上のようなことが背景になっている。

なお，空間認識に関連して，動物と経路の関係について調べた実験のことに触れておこう。犬のように知能の高い動物は，閉ざされた空間の中におかれた状態で，ガラス越しに食べ物が見えた場合は，そのガラスの壁を回るようにして食べ物のところにたどり着くとのことである (Jackendoff (1983))。動物も経路についてある種の計算ができることがわかり大変興味深い。英語で言えば around the fence のような経路表現になると思われるが，人間の言語の場合には，位置や方向を示す前置詞があって，空間について認識したことを言葉で伝えることができるということに改めて驚かされる。

1.7. 語彙意味論について

最近は語彙意味論 (Lexical Semantics) という用語をよく目にする。本書が基盤とする概念意味論も，大きく見れば語彙意味論の枠の中に入るものである。しかし，今日的な語彙意味論は，言語学研究の展開とともに多様化しており，必ずしも統一的な了解があるわけではない。その中で，語彙意味論の最大公約数的な考え方をまとめるとすれば，(a) 動詞などの単語の意味構造はどのように表示されるか，(b) 単語が統語的に結合する際，意味構造ではどのような結合が起こるか，(c) 統語構造と意味構造はどのような関係にあるか，といったことになろう (Jackendoff (1991))。語彙意味論自体の多様化を反映して，意味構造の表示

の仕方や統語構造と意味構造の関係に対する考え方にもいろいろな立場がある。ごく概略的に言えば，生成文法の枠組みを基盤としたものと認知言語学（Cognitive Linguistics）に基づいたものという両極があり，その間にさまざまなバリエーションがあるというのが実情ではないかと思われる。生成文法に根ざした考え方では，意味構造も統語構造（いわゆる樹形図）によって表示され，分析の中で必要となる構造は要素間の移動によって派生される。一方，認知言語学的な立場では，構文（construction）や話者の言語知識などに基づきながら，発話の具体的な使用に重点を置いた考え方がなされる。本書が基盤とする概念意味論は，どちらかというと中間的な立場になるのではないかと思われる。その考え方の核になるものはあくまで生成文法的ではあるが，構文の考え方を含め，その関心を認知言語学と共有する一面もある。なお，語彙意味論の理論的な面に基づいた分析については，米山・加賀（2001）などを参照されたい。

　以上，本書を理解するために前提となる意味論の考え方と概念意味論について見てきた。次に，これらのことを踏まえて，具体的な問題について検討することにする。

第 2 章

移動表現を分類する

はじめに

われわれは日常生活の中で,「学校へ行く」,「通りに沿って歩く」などといった移動に関する表現を頻繁に使っているはずである。以下では,このような移動表現に光を当て,フランス語やスペイン語などとの比較も交えながら,英語と日本語の移動動詞について検討することにする。

なお,フランス語やスペイン語については,これらの言語になじみのない読者の方もいらっしゃるのではないかと思うが,フランス語やスペイン語の例文にも,対応する日本語や英語がついているので,初めての方にとっても,その要点は理解していただけるのではないかと思っている。同時に,本書が英語や日本語以外の言語について考えるきっかけになってくれればと願っている。

2.1. 語彙化のパターンから見た英語と日本語

2.1.1. 英語と日本語

英語には (1) のような表現がある。

(1) a.　John ran to the station.
　　b.　John swam to (the) shore.

それぞれ,ジョンが駅や岸へ移動する様子を表したもので,英語を学ぶ私たち日本人にとってもなじみのある文である。しかし,

これらの文が実は言語学的には大変興味深いものであるということはなかなか気がつかないのではないだろうか。興味深い点は，(1) の文を日本語に訳してみると浮かび上がってくる。日本語としては，普通は (3) のような文ではなく，(2) のような文が使われるはずである。((1b) における (the) は，the があってもなくてもよいことを示している。)

(2) a. ジョンは駅へ走って行った。
  b. ジョンは岸へ泳いで行った。
(3) a. ?ジョンは駅へ走った。
  b. ?ジョンは岸へ泳いだ。

(1) の文に対応するものとしては，(4) のような表現もあるが，ここではまず「へ」を使った表現について検討する。

(4) a. ジョンは駅まで走った。
  b. ジョンは岸まで泳いだ。

本書では，「へ」は着点 (goal) を表し，ほぼ英語の to に相当するものと考えることにする。「まで」を使った表現については，後で改めて検討する。

2.1.2. 言語の類型

2.1.1 節では移動表現に関して，英語と日本語の違いについて簡単に見たが，この問題は，従来は言語類型論 (language typology) という観点から研究がなされてきた。その代表的なものはタルミー (Leonard Talmy) の研究 (たとえば, Talmy (1985, 1991)) であろう。タルミーは, 移動表現の構造に基づいて, 世界の言語を衛星枠付け言語 (satellite-framed language) と動詞枠付け言語 (verb-framed language) の二つに分類した。衛星枠付け言語とは, 英語のように方向 (direction) や着点 (goal) を不変化詞 (particle) や前置詞句 (prepositional phrase) などで表す言語, 一方, 動詞枠付け言語とは, フランス語やスペイン語のように動詞自体に方向などの要素が含まれる言語である。これら二つの言語タイプの違いを考えるために, 実際の例を見てみよう。以下では, 料理の場面で, 麺を熱湯の中に入れる状況を想像するとわかりやすいであろう。

(5) a. Put the noodles in! (麺を入れる) [英語]
　　b. Mets les pâtes!　　　　　　　　　[フランス語]
　　　 put　the noodles
　　　 (麺を入れる)
　　　 'Put the noodles in!'　　　　　　(Klipple (1997))

(5a) と (5b) を比べてみると, 英語では方向を表す不変化詞の in が必要であるのに対し, フランス語では mettre 自体に方向が含まれるため, 動詞だけで表現されていることがわかる。(5b) の2行目は, それぞれの語の意味を英語で表したもの, また, 4行目は, 英語による翻訳を表す。(7) についても同様。)

2.1.3. 様態と経路

　衛星枠付け言語と動詞枠付け言語の分類に関しては，移動表現を構成するとされる様態（manner）と経路（path）という観点からもその違いを見ることができる。たとえば，(6) における run は，移動と様態の要素が合成され，「go + running」のような内部構造を持つと考えられる。

　(6)　John ran into the house.
　　　（ジョンは家の中へ駆け込んだ）

衛星枠付け言語である英語の場合は，(6) におけるように，移動に伴う様態は動詞に組み込まれ，方向を表す経路は前置詞句などによって示されることになる。一方，動詞枠付け言語であるフランス語やスペイン語の場合は，動詞に組み込まれるのは経路で，様態については必要であれば「～しながら」のような形で動詞の外に付け加えられることになる。(7) はスペイン語の例である。

　(7)　La botella entró　　a la　cueva (flotando).
　　　the bottle　moved-in to the cave　(floating)
　　　（瓶は浮かびながら洞穴の中へ入って行った）
　　　'The bottle floated into the cave.'　　（Talmy (1985)）

(6) と (7) を比較することにより，二つのタイプの言語の違いがいっそうはっきりするはずである。そしてその対比から，日本語がフランス語やスペイン語のように，動詞枠付け言語に属すること

が浮かび上がってくるであろう。今まで見てきた二つのタイプの言語の語彙化のパターン (lexicalization pattern) については，タルミーが (8) のような図で表現している。(8) の図は，本書の理解にとって必要な範囲で大幅に簡略化してある。

　タルミーは，移動表現を構成する要素として，移動物 (Figure)，移動 (Motion)，経路 (Path)，様態 (Manner) を挙げている。(このほかに，移動物の経路が特徴づけられる場所 (Ground) が用いられているが，ここでは省略する。) そして，これらのうちどの要素が動詞に組み込まれるかによって，二つの言語タイプの基本的な違いを表そうとしたのである。なお，要素が動詞に組み込まれることに関する英語表現としては，conflation (包入，合成)，incorporation (編入)，lexicalization (語彙化) などの言い方があるが，これらはほぼ同じことを指していると考えてよい。(8a) が英語などの衛星枠付け言語，(8b) がフランス語・スペイン語などの動詞枠付け言語における組み込みの様子を表している。

(8) a. 衛星枠付け言語

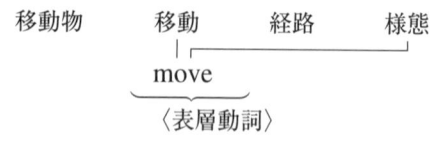

　　　　移動物　　　移動　　経路　　　様態
　　　　　　　　　　｜―｜
　　　　　　　　　　move
　　　　　　　　　〈表層動詞〉

　b. 動詞枠付け言語

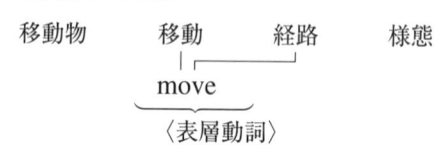

　　　　移動物　　　移動　経路　　　　様態
　　　　　　　　　　｜―｜
　　　　　　　　　　move
　　　　　　　　　〈表層動詞〉

(8) の図からわかることは，衛星枠付け言語の場合は，動詞に移動と様態の要素が組み込まれるのに対し，動詞枠付け言語の場合は，動詞には移動と経路の要素が組み込まれ，様態については付随的なものとみなされるということである。

2.2. 前置詞の機能

タルミーと同じような考え方に立ちながらも，動詞と前置詞との関係から，英語とフランス語について比較をしているものにクリプル (Elizabeth Klipple) の分析 (Klipple (1997)) がある。英語のような前置詞には，次のような三つの機能があり，英語とフランス語では，これらの要素が動詞とどのように合成するかについて違いがあるというものである。

(9) a. 空間機能 (spatial functor: SF)
  b. (場所) 関係 ((locative) relation: REL)
  c. 方向／アスペクト (direction/aspect: D/A)

英語とフランス語における合成の仕方は，以下のように表される。

(10) a. SF の REL への組み込み　（フランス語および英語）
  b. SF を含む REL の D/A への組み込み　（英語）
  c. D/A の動詞への組み込み　（フランス語）
  d. すべての要素の動詞への組み込み　（英語）

(10c) から は，フランス語が動詞枠付け言語であることがわかる。ここで問題にしているアスペクトとは，行為や出来事における完結性など，時間の経過の中で把握される状況の性質と考えていただければよいであろう。英語については，これらの機能の合成により以下のような組み合わせが可能となる。それぞれの例文は Klipple (1997) からのものである。

(11) a. SF:

　　　　Under the table is my cat's favorite spot.

　　　　（テーブルの下は私の猫のお気に入りの場所だ）

　　b. REL:

　　　　Bill went to school.

　　　　（ビルは学校へ行った）

　　c. SF + REL:

　　　　Benny walked onto the ship.

　　　　（ベニーは歩いて乗船した）

　　d. D/A:

　　　　The balloon went up.

　　　　（風船が上がった）

　　e. D/A + REL:

　　　　Benny walked down the street.

　　　　（ベニーは通りを歩いて下って行った）

SF は本来的に名詞的な性質を持っているため，(11a) における

ように，前置詞句全体が主語となることができる。(11) の (a) から (e) のような表現を含め，このような形での前置詞の機能と動詞との組み合わせを知っていると，英語の文を作る際に便利であろう。

　一方，(10d) にある「すべての要素の動詞への組み込み」は，英語における enter のような借入語の場合を表している。動詞枠付け言語ではない英語には，D/A だけの動詞への組み込みがないため，全部の要素が動詞に組み込まれることになったものと思われる。言語が見せる面白い一面である。本来自動詞的な性質を持つ動詞が，英語では他動詞として扱われているのにはこのような背景があると思われる。なお，英語には enter into という表現があるが，enter が英語の動詞として仲間入りした段階で，今度は衛星枠付け言語の性質を持つようになったと思われる。ただし，英語においては，基本的には enter が物理的な移動・進入，enter into が加入・開始・関与など抽象的な状況を表すようで，その使用にはすみわけが存在すると考えてよいであろう。この点については後で改めて触れることにする。

　D/A が動詞に組み込まれるかどうかは，第 3 章で検討する結果構文の生起とも関係している。英語の場合は，D/A が動詞に組み込まれないため，方向などを表す前置詞句と同じように，アスペクト的な要素である結果述語を動詞の外に追加できるのに対し，フランス語の場合は，D/A が動詞に組み込まれてしまい，結果述語が動詞の外に追加されることはないため，結果構文がな

いということになる。

　今までの分析から、どんなことを感じられたであろうか。言語学の進展に伴い、表面的には見えない言語の重要な部分が炙り出されてきていることを実感されたのではないだろうか。以下では、これらの知見を踏まえ、英語の移動表現について、具体的に見てゆくことにする。

2.3. 英語の移動表現

　2.1 節では語彙化のパターンの観点から、英語がどのような言語であるかを見た。この節では英語の移動表現に的を絞りながら、少し詳しく検討することにする。2.1 節で見たように、英語は衛星枠付け言語に属し、移動表現の場合は、移動に伴う様態が動詞に組み込まれる一方、その経路は前置詞句や不変化詞によって動詞の外に付け加えられることになる。以下では、英語の移動表現に用いられる動詞について、まず (12) のように四つのタイプに分類し、それぞれのタイプの動詞の特徴を見ることにする。

(12)　A タイプ：　様態を伴わない移動動詞 (verb of motion (−manner))

　　　B タイプ：　様態を伴う移動動詞 (verb of motion (+ manner))

　　　C タイプ：　動きを伴う行為動詞 (verb of action (+

motion))

Dタイプ： 動きを伴わない行為動詞 (verb of action (−motion))

なお，移動動詞の分類をめぐっては，(12) のように四つには分けず，本書のBタイプとCタイプをまとめて移動様態動詞 (verb of manner of motion) とする分類の方法も定着してきている。BタイプとCタイプの動詞の間には確かに類似する部分もあるが，両者には興味深い違いもあるため，本書では英語の移動動詞について，よりわかりやすく提示するという観点から四分類の方法をとることにする。(なお，移動様態動詞に関しては，Zubizarerta and Oh (2007) の統語論的なアプローチからの分析がある。連続動詞言語 (serial-verb language) としての韓国語，英語やオランダ語が属すゲルマン語 (Germanic language)，それにフランス語やスペイン語が属すロマンス語 (Romance language) の移動様態動詞に関する比較が興味深い。) また，以下の例では，当面経路については着点 (goal) を表す to や into 等を使うことにする。to や into は限定性をもつということで，一般に有界的 (bounded) な経路と呼ばれ，toward や along のような非有界的 (unbounded) な経路と区別される。この区別を含めた経路の詳細については，後で改めて検討することにする。

2.3.1. 英語の移動動詞の分類

2.3.1.1. Aタイプ: 様態を伴わない移動動詞

(13) a. John went to the station.

　　　（ジョンは駅へ行った）

　b. John came to the station.

　　　（ジョンは駅へ来た）

　c. John entered the room.

　　　（ジョンは部屋へ入った）

　d. John arrived at the station.

　　　（ジョンは駅へ着いた）

Aタイプの動詞は，移動を表す動詞としては最も基本的なもので，どの言語にも存在すると思われる。たとえば，(14a)のような文については，(14b)のような意味構造が対応し，全体としてジョンが駅へ行ったという移動を表す表現になっている。

(14) a. John went to the station. (= (13a))

　b. [$_{Event}$ GO ([$_{Thing}$ JOHN], [$_{Path}$ TO ([$_{Thing}$ STA-TION])])]

このタイプに属す動詞は，本来的に方向性をもった移動動詞であるため，着点を表すような経路を伴うのが普通である。したがって，着点が表現されない(15)のような例は非文とみなされる。

(15) a. *John went from Chicago.

b. *John went aimlessly around.　　(Marantz (1992))

このタイプの動詞は様態を伴わないことがその特徴であり，(13) の日本語訳に見られるように，日本語についてもほぼそのまま対応した表現がある。

Aタイプの動詞に関して興味深い例は，Jackendoff (1983) が挙げている以下のような文である。

(16) a. The mouse went under the table.
（ねずみはテーブルの下へ行った／ねずみはテーブルの下を通って行った）

b. The mouse went behind the piano.
（ねずみはピアノの後ろへ行った／ねずみはピアノの後ろを通って行った）

(16) の例も，go が本来的に経路をとる動詞であることを示している。この場合は，under the table や behind the piano を場所 (Place) として解釈することはできず，意味構造の中に TO (〜へ) や VIA (〜を通って) が追加されると考えてよいであろう。(16a) の二つの解釈は，(17) のような意味構造と (18) のような絵によって示すことができる。

(17) a. The mouse went under the table.
[$_{Path}$ TO ([$_{Place}$ UNDER ([$_{Thing}$ TABLE])])]

b. The mouse went under the table.

[Path VIA ([Place UNDER ([Thing TABLE])])]

(18) a.

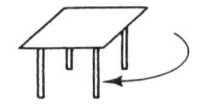

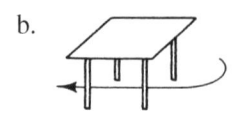

b.

(Jackendoff (1983))

(16)において，なぜ方向を表す経路表現が明示的に表現されないのかということは面白い問題である。英語には，go into the room はあっても，*go to under the table や *go to behind the piano という表現がないこと，また，go という動詞が使われた場合は，着点読みや経由読みになるのが普通（このような状況は一般に「無標」(unmarked) と呼ばれる）であるという文法的，認知的な背景があると思われるが，はっきりとした答えがあるわけではない。この問題については，後でも触れることにする。

(13c) にある enter は，フランス語からの借入語である。動詞 enter は 2.1 節で見たように，動詞枠付け言語に見られる典型的な移動動詞で，本来的には自動詞的なものであるが，借入された英語においては他動詞として使われている。ただし，いったん借入されると，その言語の構造の枠の中に入るようで，(19) や (20) に見られるように，衛星枠付け言語に特徴的な表現形式で使われ

ることになるのは大変興味深い。

(19) a. enter into a long talk（長話を始める）

b. enter into particulars（詳細に述べる）

c. enter into military service（軍務につく）

(市川ほか（編）(1995))

(20) a. The verb *put* ... cannot enter into the double object construction.

(put という動詞は二重目的語構文に生じることはできない) (Hale and Keyser (1992))

b. Not all verbs enter into the causative/inchoative alternation.

(すべての動詞が使役・起動交替を起こすわけではない) (Tenny (2000))

enter into という表現は，一般にはある種のイディオムとして考えられているようであるが，実際には英語においてかなり頻繁に使われている。この点については注意してよいであろう。

2.3.1.2. Bタイプ： 様態を伴う移動動詞

Bタイプの動詞は，英語の移動表現の中核を担うもので，英語における典型的な移動動詞と考えてよいものである。タルミーの語彙化のパターンの図で見たように，移動を表す動詞には移動の要素と様態が組み込まれることになる。(21) の例はそのよう

な特徴をはっきりと示している。

(21) a. John ran to the station.
(ジョンは駅へ走って行った)
b. John walked to the station.
(ジョンは駅へ歩いて行った)
c. John swam to (the) shore.
(ジョンは岸へ泳いで行った)
d. John jogged to the park.
(ジョンは公園へジョギングをして行った)

(21) の日本語訳からもわかるように，B タイプの動詞を使った移動表現になると，「走って行く」のような表現を用いることになり，A タイプの例における日本語訳のような一対一の対応は見られなくなる。B タイプの動詞を用いた移動表現については，以下のような統語構造と意味構造の対応を考えることができる。

(22) a. John ran to the station.　(= (21a))
b. $\left[\begin{array}{l} \text{GO}([_{\text{Thing}} \text{JOHN}], [_{\text{Path}} \text{TO}([_{\text{Thing}} \text{STATION}])]) \\ _{\text{Event}}[_{\text{Manner}} \text{RUNNING}] \end{array} \right]$

(22) におけるような対応を可能にさせる動詞 run と前置詞 into の情報は，以下のような形で表される ((23) のような表記は，語彙記載項 (lexical entry) と呼ばれる)。なお，(23a) における指標 j は，統語構造における前置詞句 (PP) と意味構造における

経路 (Path) が対応することを示す。(23b) における j についても同様である。

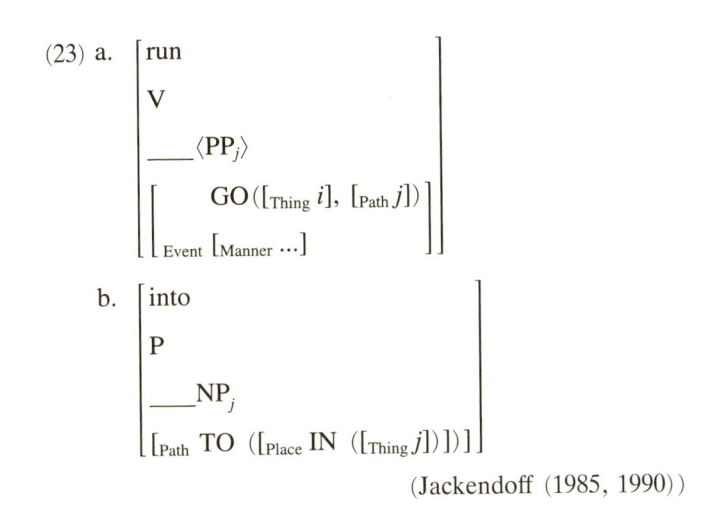

(23) a. $\begin{bmatrix} \text{run} \\ \text{V} \\ \underline{} \langle \text{PP}_j \rangle \\ \begin{bmatrix} \text{GO}([_{\text{Thing}} i], [_{\text{Path}} j]) \\ _{\text{Event}} [_{\text{Manner}} \cdots] \end{bmatrix} \end{bmatrix}$

b. $\begin{bmatrix} \text{into} \\ \text{P} \\ \underline{} \text{NP}_j \\ [_{\text{Path}} \text{TO} \ ([_{\text{Place}} \text{IN} \ ([_{\text{Thing}} j])])] \end{bmatrix}$

(Jackendoff (1985, 1990))

(22b) からもわかるように，A タイプの go などとは異なり，様態を伴うことになる。しかし，run の様態を言葉で表すことは難しいため，暫定的に [RUNNING] という表現を使っている（1.6節参照）。なお，run のような B タイプの動詞については，以下の点に留意する必要がある。

(24) John ran in the field.

(24) においては，特に経路については明示的に表現されていないが，ジョンは方向性もなく走っているというよりは，グランドの中である経路に沿って移動していることが意図されていると考

えられる。この点も，BタイプとCタイプを区別する根拠のひとつになっている。なお，(24) には，(外から) グランドの中へ駆け込んだという着点解釈もあることには注意されたい。この場合は，上で見たAタイプの動詞における go under the table の例のように，TO が補われていると考えられる。

　Bタイプに属す動詞は，本来的に様態の要素を持っている。Bタイプには，run のほか，walk, crawl, swim, jog などの動詞が含まれることになるが，本書では，これらの動詞は，ジャッケンドフの概念意味論の考え方にならい，それぞれが持つ様態によって区別されると考えることにする。なお，この種の区別は，視覚などの情報から構成される空間表示が受け持つものと考えられる。われわれは，run や walk について言葉でその違いを表すことはなかなか難しいものであるが，視覚的なイメージとしては容易に区別できるはずであり，この種の情報も概念構造で解釈されると考えることになる。人間は目で見たものを言語で表現することができるが，空間表示と概念構造の間につながりがあると考えれば，移動動詞が持つ様態についても興味深い分析が可能になると思われる。

　Aタイプの go の場合には，必ず経路が必要になるため，統語的に明示されていない場合は，概念構造において経路が追加されることを見たが，Bタイプの動詞を使った表現の場合にも，同じようなことが言える。run のような動詞の場合，本来的に経路が存在することは以下のような例からもわかる。

(25) a. The mouse ran under the table.

　　b. The mouse ran behind the piano.

(25a, b) の文はどちらも曖昧で，(26) のような日本語に対応すると考えられる。

(26) a. ねずみはテーブルの下へ走り込んだ／テーブルの下を走り抜けた。

　　b. ねずみはピアノの後ろへ走り込んだ／ピアノの後ろを走り抜けた。

Aタイプの動詞の場合とは異なり，対応する日本語では，「走り込む」とか「走り抜ける」のように様態を伴う複合動詞になっている点は面白い。(25) のような文で注意することは，英語においては，日本語のように「ねずみはテーブルの下で走った」や「ねずみはテーブルの後ろで走った」というように，under the table や behind the piano が場所として解釈される読みは普通はないということである。

　Bタイプの動詞に関しては，移動に伴う様態という要素をどのように考えるかという問題がある。たとえば，run と比べて速度が遅くなる crawl（這う）になると，英語でも場所読みが可能になるようである。なお，この点に関しては，フランス語と比較してみると，興味深い違いが浮き彫りになる。(27b) のフランス語の例で使われている名詞，動詞，前置詞は，(27a) の英語の文

で使われているものとほぼ1対1に対応しているが，(27a) の文が，着点読み，経由読み，場所読みの三つの読みが可能であるのに対し，(27b) の場合は，場所読みしかない。フランス語に場所読みしかないという点は，日本語についても同様に当てはまる。どちらについても，動詞枠付け言語の性質が反映していると考えることができよう。

(27) a. The mouse crawled on the table.
    (ねずみはテーブルの上へ這って行った／ねずみはテーブルの上を這って行った／ねずみはテーブルの上で這った)
  b. La souris a rampé sur la table.
    (ねずみはテーブルの上で這った)
    'The mouse crawled on the table.'

(Levin and Rapoport (1988))

ただし，以下の点について補足する必要がある。上では，経路を表す前置詞が省略される場合を見たが，同じような状況にもかかわらず，前置詞の存在が義務的な場合がある。(28) がそのようなケースである。

(28) a. The mouse ran from under the table.
    (ねずみはテーブルの下から走り出てきた)
  b. The mouse ran from behind the piano.

(ねずみはピアノの後ろから走り出てきた)

  c. The mouse ran from under the table to behind the piano.

(ねずみはテーブルの下から出てピアノの下へ走り込んだ)

(28)の各文が文法的であるということから考えると,英語においては前置詞が二つ重なってはいけないという制約はないということになる。(28c)ではto behind the pianoとなっているが,このような場合に,(29)のような表現を使うと意味が変わってしまうという統語的な背景があると思われる。

(29) The mouse ran from under the table behind the piano.

(ねずみはピアノの後ろのテーブルの下から走り出てきた)

この場合は,意味構造よりも統語構造による解釈のほうが優先するということであろう。つまり,統語構造が優先して ran from under [the table behind the piano] という解釈になってしまい,意味が変わってしまうからである。

なお,なぜ起点(source)を表すfromの場合はtoの場合とは違って,(28a)のようにfrom underという連鎖が可能なのかということも興味深い問題である。このような場合は,特別な状

況ということで「有標」(marked) と呼ばれるが，人間にとっては移動に関しては，起点より着点のほうがより自然ということなのであろう。

本書ではBタイプの動詞は本来的に経路をとると想定しているが，以下のような文からは，必ずしも移動を表すわけではなことがわかる。

(30)　Pat ran in place.
　　　（パットはその場で走った）

(Rappaport Hovav and Levin (1989))

(30) のような文では，パットは走るという行為をするだけで移動はしていないことになる。このような場合は，統語構造として in place のような表現が顕在的に現れるため，意味構造が含む経路の出現は抑制されると考えられる。その意味では，すでに見た以下のような文の場合とは異なるのであろう。

(31)　John ran in the field.　(= (24))

この点は，(25) と (28) の場合についても言えることで，意味構造が要求する意味的な項は，統語構造との関係の中で具現化する場合もあればしない場合もあるということであろう。別の言い方をすれば，統語構造には意味構造がそのまま表現されるわけではないということになる。eat や write は本来行為の対象となる直接目的語をとる他動詞ではあるが，John ate. のように自動詞表

現で用いられる場合があることと平行しているかもしれない。特に条件がない場合，統語構造に現れる項の数が，本来意味構造が要求する項の数よりも少なくなることがあるということであろう (Jackendoff (2002b))。なお，eat に関しては，devour と比較するとその違いがはっきりする。

(32) The lamb devoured the lion.
　　　（子羊はライオンをがつがつと食べた）

(Jackendoff (2002b))

eat も devour も，あるものを食べるという意味では共通しているが，devour の場合は，その意味的な特徴から直接目的語が省略されることはない。devour の場合は，直接目的語が常に義務的ということになる。その意味では，run のような B タイプの動詞の場合は，経路項は義務的ではないというように考えてもよいかもしれない。義務的ではないということでは，次の C タイプの動詞との共通性が感じられる場合もあり，それが B タイプと C タイプをひとまとめにして移動様態動詞として分析する背景になっているようにも思われる。

　本書では移動様態動詞という用語は用いないことにした。確かに，B タイプと C タイプの動詞には共通点があるが，両者の間には興味深い違いのあることも確かである。私自身，移動様態動詞という用語を拒むものではないが，本書では，分類のための用語にこだわるより，英語の動詞の興味深い姿を浮き彫りにするこ

とを優先し，BタイプとCタイプを分けることとした。なお，本書ではCタイプの動詞を行為動詞と呼ぶが，Cタイプの動詞の中にはfloatのように，必ずしも行為動詞という用語が合わないような動詞も含まれることがあるので，あらかじめお断りしておく。floatのような場合は，むしろ移動様態動詞という呼び方が相応しいかもしれない。

2.3.1.3. Cタイプ： 動きを伴う行為動詞

Cタイプに属す動詞は，基本的には主語の体の動きを伴う行為動詞で，その意味構造は以下のようなものと考えられる。(34)は(33)に対応する表現である。

(33)　[Event MOVE ([Thing 　])]
(34) a.　John danced in the room.
　　　　（ジョンは部屋の中で踊った）
　　b.　John wiggled on the bed.
　　　　（ジョンはベッドの上で体をくねらせた）

(33)は，Cタイプの動詞が基本的には経路をとらず，体の動きなどの様態を表すものであることを示している。Cタイプの動詞が使われた場合は，主語が経路に沿って移動しないことがあることは(35)のような例からも言える。

(35)　Willy danced for hours, without ever leaving the

same spot.

(ウィリーは何時間も同じ場所から離れずに踊った)

(Jackendoff (1990))

なお，(35) に見られるような 'the same spot' については面白いことがある。(35) のような文として提示されると，ウィリーがその場を動かずに狭い空間で踊ったように解釈してしまいそうであるが，もちろんそのような解釈はあるものの，spot を広くとって，ある部屋とかある建物として，そこから出ずに踊ったと解釈することも可能なようである。重要なことは，今問題にしているような意味では移動の概念は含まれないということである。人間は，ある場所を地図の中の点として理解する場合もあれば，人が活動する広がりを持った空間として理解したりする場合もある。(35) についても，同じようなことが言えるのであろう。

C タイプの動詞について興味深いことは，B タイプの動詞と同じように直接経路をとることができるという点である。

(36) a. John danced into the room.
      (ジョンは踊りながら部屋の中へ入った)
   b. John wiggled out of the hole.
      (ジョンは体をくねらせながら穴から出てきた)

(34) の場合には移動の概念は含まれていないのに対し，(36) の場合は明らかにジョンが経路に沿って移動している状況が表現さ

れている。(34) の場合は，対応する日本語訳とあまり違いがないのに対し，(36) の場合は，Bタイプの場合よりさらに1対1に対応させることが難しくなってくる。このようなCタイプの動詞の二面性は，どのように説明したらよいのであろうか。

Cタイプの動詞は，本来的には移動を表現しない動詞と考えてよいのであろう。その点は，(37) のような場合に場所読みのほうが着点読みより優勢であることからも言えそうである。

(37) Mary danced under the lamp.
(メアリーはランプの下で踊った／メアリーはランプの下へ踊って行った)［場所読み＞着点読み］

(＞は，左に書かれた読みが優先することを示す。) (34) と (36) の関係については，「意味拡張」(meaning extension) として捉えることができる。本来移動を表さない動詞が，経路表現と共起した場合に移動を表すよう意味が拡張すると考えるわけである。同じCタイプに属する動詞には jump や bounce 等があり，同様に二つの構造に生じることができる。このように，英語では動詞の形を変えずに意味が拡張することがあるが，この意味拡張というプロセスは英語に特有のものと考えてよく，本書においても中心的なテーマになるものである。以上のことを踏まえると，たとえば，dance の二つの用法は，(38) のような意味構造に対応していることになる。

(38) a. John danced in the room. （= (34a)）

$[_{\text{Event}} \text{MOVE} ([_{\text{Thing}} \quad])]$

b. John danced into the room. （= (36a)）

$\begin{bmatrix} \text{GO} ([_{\text{Thing}} x], [_{\text{Path}} \quad]) \\ _{\text{Event}} [\text{WITH/BY} [\text{MOVE} ([_{\text{Thing}} x])]] \end{bmatrix}$

移動を含まない dance の場合は経路をとらないのに対し，移動を含む場合は，(38b) のように GO 関数にあわせて経路が導入され，(38a) における MOVE はいわば格下げされた形で従属的な位置づけになる。((38b) における x は，事物項が同じであることを示す。)

なお，Jackendoff (1990) では，(38b) のような場合については，GO-adjunct rule（GO 付加詞規則）という用語が使われているが，内容的には同じものである。ただ，この種の現象は移動動詞だけに限られたことではないため，本書では意味拡張という一般的な用語を使うことにする (2.3.3.2 節参照)。

2.3.1.4. D タイプ: 動きを伴わない行為動詞

英語は，体の動きをまったく伴わないような行為動詞でも移動表現に生じることができる。この点は，日本語には見られない現象である。ただし，移動表現を構成できるとは言っても，さすがに動詞の形を変えずにそのまま使えるというわけではない。一般に way 構文 (*way*-construction) と呼ばれる移動表現を作るの

がこのタイプの動詞である。具体例を見てみよう。

(39) a. Bill belched his way out of the restaurant.
    (ビルはゲップをしながらレストランから出てきた)
  b. Sam joked his way into the meeting.
    (サムは冗談を言いながら会議の席へ入って行った)
                                    (Jackendoff (1990))

way 構文に関しては,以下のような表現は,普通は一種のイディオムとして教わるのかもしれない。

(40) a. make one's way through the crowd
    (人込みの中をかきわけて進む)
  b. work one's way through college
    (働きながら大学を出る)

しかし,実際の英語では way 構文はかなり自由に作られる。動詞の意味の中に何らかのプロセスが認識される場合は,one's way が後ろにつき,ひとまとまりとなって B タイプの動詞と同じような振る舞いをすることができる。(one's way の部分は,主語の性と数に応じて必要な代名詞が選択される。なお,主語が複数の場合でも,our way や their way のように,単数形の way が使われる。(87c) の例参照。) 以下のような文もよく知られている例である。

(41) a. John drank his way into an early grave.

（ジョンは酒を飲み続けて早死にした）

b. Babe Ruth homered his way into the hearts of America.

（ベーブルースはホームランをたくさん打って，アメリカ人に愛されるようになった）

(41b) は Jackendoff (1990) からの引用であるが，ホームランをたくさん打ち（プロセスとしての様態），アメリカ人の心の中に入って行く（比喩的な移動）という様子が目に浮かんでくる。次の文は私が作ったものである。

(42) I studied my way to a full understanding of Lexical Semantics.

（勉強を重ねることで，語彙意味論がよく理解できるようになった）

語彙意味論とは，本書のような研究を含む意味論で，(42) は私の素直な気持ちを表現した文である。また，次の文も私にとっては忘れられない文である。

(43) On entering the door I remembered the doll I had broken. I felt my way to the hearth and picked up the pieces.

（玄関を入ると，壊した人形のことを思い出した。手探

りで暖炉のところまで行き，ばらばらになったものを拾い上げた)

これはヘレン・ケラーの *The Story of My Life* からとったものである。壊してしまった人形のことを思い出し，暖炉のところまで手探りで行き，ばらばらになった断片を拾い上げる様子を表現した文である。初めてこの文を目にした時は，ヘレン・ケラーはどのようにして way 構文を習得したのだろうかと不思議に思ったことを今でも覚えている。way 構文を含めたヘレン・ケラーの英語の分析は，本書執筆のきっかけの一つでもあり，後ほど詳しく検討することになる。

以上からもわかるように，比喩的な意味を含めて「プロセス（様態）＋移動」という要素が構成できれば，way 構文を作ることは可能なようである。ただし，次のように，動詞自体が状態変化を含むような場合は，way 構文は用いられない。

(44) a. *The window opened its way into the room.
 b. *The window broke its way into the room.

(Jackendoff (1990))

また，(45) が示すように，B タイプのような動詞は，普通は way 構文で使われることはない。（例文における / は，同じ場所に生じる動詞などをまとめて表示するためのものである。）

(45) a. *He walked his way to the store.

(高見・久野 (1999))

b. *Bill went/walked/ran his way down the hallway.

(Jackendoff (1990))

なお，walk のような動詞でも，(46) におけるように，way 構文で用いられる場合もあるが，その場合は，普通の移動動詞とは少し異なったニュアンスで使われるようである。

(46) a. Gandhi walked his way across the country to win democracy for his people.
   （ガンジーは国民のために民主主義を勝ち取るべく全国を行脚した）
   b. The novice skier walked her way down the ski slope.
   （新米のスキーヤーが斜面を少しずつ慎重に歩いて降りてきた）

(高見・久野 (1999))

2.1.1.3 節では，C タイプの動詞は直接着点などの経路をとれることを見たが，さらに way 構文にも生じることができることは注意してよいであろう。(47) はその例であるが，それぞれには若干の意味の違いが生じるようである。

(47) a. Willy jumped into Harriet's arms.
   （ウィリーはハリエットの腕の中に飛び込んだ）

b. Willy jumped his way into Harriet's arms.

(ウィリーはハリエットの腕の中に飛び込んで行った)　　　　　　　　　(Jackendoff (1990))

(47a) の場合は1回の動作，(47b) の場合には繰り返しの読みが出てくるようである。way 構文も大きく見れば意味拡張の中に含めてよいものである。C タイプの意味拡張とともに，これらは英語に特徴的な表現であり，英語を学ぶ際には留意しておきたい事項である。

2.3.1.5.　音放出動詞

D タイプに含まれる動詞の中には，way 構文の形をとらずに移動表現に生じるものがある。一般に音放出動詞 (verb of sound emission) と呼ばれているもので，(48) はその一例である。

(48) a. The beautiful new Mercedes purred along the autobahn.
(新型の美しいベンツが高速道路をエンジン音を響かせながら通って行った)
b. The bullet whistled by her.
(弾丸が彼女の脇をヒューという音をさせながらかすめて通った)

(Levin and Rappaport Hovav (1991))

この種の表現は，移動に関して，主語（移動する対象）の動きとそれに付随する音の間に直接的な関連がある場合に可能なようである。自動車のベンツがエンジン音を響かせていれば，それは動いている時であり，また，弾丸がヒューという音を出していれば，弾丸が発射されている時と考えることになる。しかし，同じように purr という動詞を使っても，主語が猫の場合は移動の読みは出てこないようである。のどがゴロゴロ鳴る音と猫の移動には直接的な関連がないということであろう。(ibid. は，例文の出典が直前のものと同様の場合を表す。)

(49) *The cat purred down the street.　　　　　　　(ibid.)

purr は本来的には D タイプの動詞であるので，(50) のように way 構文にすれば文法的になる。この点も面白いところである。英語においては，「困った時は way 構文」ということが言えそうである。

(50) The cat purred its way down the street.
　　　（猫がのどをゴロゴロさせながら通りを下って行った）

音放出動詞についてまとめておこう。音放出動詞は基本的には D タイプに属すが，条件が整えば one's way を伴わずに移動表現に生じることができると考えてよいであろう。

2.3.1.6. その他のタイプ

　英語における移動表現の中には，動詞句（他動詞＋名詞句）がひとまとまりで移動動詞のように振る舞うケースがある(Yoneyama (1995))。(51) はそのような例である。

(51) a.　John took the elevator to the lobby.
　　　　（ジョンはエレベーターに乗ってロビーへ行った）
　　 b.　John took a bus to his office.
　　　　（ジョンはバスに乗って会社へ行った）
　　 c.　John took the escalator to the fifth floor.
　　　　（ジョンはエスカレーターに乗って5階へ行った）

それぞれ，乗り物に乗ることによって主語が移動する様子を表している。(52) もよく知られている例である。乗り物ではないが，動詞句が移動動詞に相当する働きをしている点では同様に扱えよう。

(52)　She wore a green dress to the party.
　　　（彼女は緑のドレスを着てパーティーへ行った）
　　　　　　　　　　　　　　　　　　　　　　　(Talmy (1985))

しかし，どんな動詞句でも可能かというと，もちろんそういうわけではない。以下のような例は容認されない。

(53) a.　*John read a book to the station.

   b. *John criticized Mary to the meeting.

   c. *John ate a hamburger to the station.

この種の表現が成立するためには、動詞句と移動の間に移動を成立させるような何らかの関係が必要ということなのであろう。逆に言うと、移動を成立させるような解釈の余地が残されていれば、その文の容認可能性は高くなるものと思われる。実際、(53c) に関して、ハンバーガーを裸の複数形にすると、(54) のように少しよくなる。複数のハンバーガーを食べるというプロセスが、移動の概念を引き出すのかもしれない。

(54) ?John ate hamburgers to the station.

    （ジョンはハンバーガーを食べながら駅へ行った）

また、(53c) のようにハンバーガーが単数であったとしても、その経路が非有界的なものになると、(55) のようにずっとよくなる。((?) は ? より容認可能性が高いことを示す。) なお、移動表現と非有界的な経路の関係については、2.4.2 節および 5.3 節で詳細に検討することになる。

(55) (?)John ate a hamburger along the street.

    （ジョンは通りに沿ってハンバーガーを食べた）

これらの例からも、文の容認性の判断には、人間の「解釈」が関与していることがおわかりいただけるであろう。

一方,一見すると (56) は (51) と同じような結合であるため,移動表現として成立するようにも思われるが,(56) には移動の解釈はない。

(56)　John got off the elevator to the lobby.

この場合は,強制的に (57) のような構造として解釈されてしまうようである。

(57)　John got off [the elevator to the lobby].
　　　(ジョンはロビー行きのエレベーターから降りた)

この例についても,統語構造優先の基準が当てはまるようである。意味的な面から見ると,エレベーターから降りることにより,移動の基盤を失ってしまうと考えることができるかもしれない。同じように,以下の例も移動表現としては非文である。

(58) a.　*John got off a bicycle to the shop.
　　 b.　*Mary took off a green dress to the party.
　　 c.　*John bought a return ticket to London.

(58c) については,(57) と同様,(59) のような構造として解釈すれば容認可能となる。

(59)　John bought [a return ticket to London].
　　　(ジョンはロンドンへの往復切符を買った)

また,(51a) のような文については,二つの読みがあることに注意する必要があろう。一方,(56) の場合は,[the elevator to the lobby]（ロビー行きのエレベーター）ということで,名詞句のまとまりとしての読みしかないことになる（米山・加賀 (2001)）。まず,(60) を見てみよう。

(60) John took the elevator to the lobby. (= (51a))
（ジョンはエレベーターに乗ってロビーへ行った／ジョンはロビー行きのエレベーターに乗った）

このタイプの文については,以下のような二つの読みが可能ということになる。(61a) の場合は,移動表現として解釈される場合,(61b) の場合は,単なる行為として解釈される場合である。

(61) a. 連続事象読み
b. 名詞句読み

(60) の場合で言えば,エレベーターに乗ってロビーへ行った,という読みが連続事象読み,ロビー行きのエレベーターに乗ったという読みが名詞句読みということになる。二つの読みが可能かどうかは,文によって異なり,二つの読みを併せ持つものと,どちらか一つしか持たないものがある。

(62) 二つの読みを持つもの
a. John took the elevator to the lobby.

  b. John took the bus to his office.

(63) 一つの読みしか持たないもの

  a. John got off the elevator to the lobby. ［名詞句読み］

  b. John took the BMW to his office. ［連続事象読み］（ジョンはBMWに乗って会社へ行った）

(62)の場合は，どちらの読みになっても，文の最終的な意味には大きな差はないと思われるが，このタイプの例を見ても，どのような文が移動表現として解釈されるかは，空間表示に基づく人間の外界解釈に依存していることが言えそうである。

 なお，この節を書いている際に，一昔前に以下のような掛け合い漫才があったことを思い出した。

(64) A：「昨日大阪へ行ったんだ」
  B：「何で行ったんだ」
  A：「結婚式だったんだ」
  B：「だから，何で行ったんだって聞いてんだよ」
  A：「だから，結婚式だって言ってるだろう」
  B：「そうじゃなくて，汽車で行ったのか，飛行機で行ったのか，自動車で行ったのか，て聞いてんだよ」

今から思うとそれほど面白いものでもないが，こんなところにも移動表現の二つの面が現れているように思われる。移動そのもの

とそれに伴う様態・手段である。手段といえば,英語には次のような表現がある。

(65) a. John flew to New York.

(ジョンは飛行機でニューヨークへ行った)

b. John canoed down the river.

(ジョンはカヌーで川を下った)

この種の文については,意味を変えずに,次のように言うことも可能である。

(66) a. John went to New York by plane.

b. John went down the river by canoe.

日本語の場合は,(65)に挙げた訳文のようにしか表現できないはずである。このような文についても,今まで見てきた分析は当てはまると思われる。

2.3.2. 英語の移動動詞の構造

以上,「その他のタイプ」を含めて五つのケースに分けて英語の移動動詞について見てきた。これらの分析から見えてくることは,英語が移動に対して強い志向性を持つ言語であるということであるが,その中にあって,Bタイプの動詞を使った文が,英語の典型的な移動表現ということが言えよう。英語においては,本来移動を表さないような行為動詞についても,意味拡張という

プロセスによりBタイプと同様の振る舞いをすることを見てきた。この点は，タルミーが移動と様態の合成によって衛星枠付け言語を規定した考え方を支持するものである。このような英語の動詞の構造は，以下のような図にまとめることができる。

(67) 英語の移動動詞の構造
Aタイプ： 様態を伴わない移動動詞
Bタイプ： 様態を伴う移動動詞　　　＜ way 構文
　　　　　　　　↑　　　　　　　　　　　↑
Cタイプ： 動きを伴う行為動詞　-------------
Dタイプ： 動きを伴わない行為動詞──────

(67)からは，Cタイプ，Dタイプの動詞が，way 構文を含む意味拡張を通してBタイプに収束してゆく様子が浮き彫りになるはずである。

2.3.3. 関連した事項
2.3.3.1. climb の意味分析： 優先規則

2.3.1.2節では，Bタイプの動詞を通して，意味構造における様態の位置づけについて検討したが，様態の要素が文の容認性に関係する場合として，Jackendoff (1985) を参考にしながら climb の意味分析を見ておくことにする。なお，以下の説明の中では，様態が果たす役割ということに重点を置くため，複雑な概念構造による説明は避けることにした。

英語における climb という動詞は，(68) のような統語構造に現れることができる。(68) のような指定は，動詞がどのようなタイプの要素を従えるかという点から，下位範疇化（sub-categorization）と呼ばれる。

(68) a.　[＿＿]：　　　John climbed.
　　　　　　　　　　　（ジョンは登った）
　　b.　[＿＿NP]：　　John climbed the mountain.
　　　　　　　　　　　（ジョンは山に登った）
　　c.　[＿＿PP]：　　John climbed up the mountain.
　　　　　　　　　　　（ジョンは山を登った）

(68b) のように直接 NP（名詞句）をとるときは，その頂上に達することが想定されるが，(68c) のように PP（前置詞句）をとるときは，途中経過としてのプロセスに焦点が当たると言ってよいであろう。(68a) のように，PP や NP がない場合でも上方移動であることにはかわりはない。しかし，(68c) に関しては，日本語には見られない (69) のような面白い例がある。この場合は，下方移動を表すことになる。

(69)　John climbed down the mountain.
　　　（ジョンは山を降りた）

人間が主語の場合は，様態として「這う」（CLAMBERING）とでも言うべき要素が加わる。面白いことに，(70) のように，

climb が人間以外の主語とともに用いられる場合には，下方移動において制限がある。これは，たとえば温度のような場合には，様態がないということも関係しているようである。一方，汽車の場合は擬人化することも可能ということが関連しているためか，温度の場合よりは容認可能性は少し上がるが，いずれにしても主語が人間の場合よりははるかに悪いようである。

(70) a. ??The train climbed down the mountain.
　　 b. *The temperature climbed down to 20.

(Jackendoff (1985))

以下，climb が用いられる文について，意味構造においてどの要素が使われているかという点から整理することにしよう。

(71) a.　John climbed the mountain.
　　 b.　John climbed.
　　 c.　John climbed up the mountain.
　　 d.　John climbed down the mountain.

(71a) では，「頂上に」，「山道を経由して」，「上方に」，「這う」という要素がすべてそろっているのに対し，(71b) では「上方に」と「這う」，(71c) では「這う」と up による「上方に」という要素だけが使われている。最後の (71d) では，「這う」だけでも文が成立していることがわかる。一方，(70) のように，train や temperature が主語として用いられ，しかも文全体が下方移動

を示す場合は容認可能性が低くなることを見た。これは、人間以外のものが主語の場合は、「這う」の要素がないこと、また、「上方に」という要素もないということが理由になっているようである。

以上、簡単に climb の用法を見てきたが、上の分析からは、意味構造における要素は必ず使われなければならないというわけではなく、そのうちの一つの要素でも使われていれば文として成立する場合もあるということがわかる。このような現象は、優先規則 (preference rule) と呼ばれるものである。上の例で言えば、「上方に」と「這う」が優先条件で、意味構造に表示される場合とされない場合があるということであるが、この二つの要素が両方抑圧されて表示されない場合は、その文は非文として判断されるというものである。複数の下位範疇化、人間以外のものが主語になりうること、移動の方向が必ずしも上方だけではないこと、さらに必ずしも当該の場所の頂上に着かなくてもよいことなどが複雑に絡み合った climb のような動詞の使用条件を規定するためには、様態の要素とそれを柔軟に処理する優先規則という概念が重要であることが示されている。ここでは、詳しくなりすぎるため意味構造を用いた説明は避けたが、さらに深く調べてみたいと思われる方は、Jackendoff (1985) を参照していただきたい。また、climb に関連して、日本語には「あがる」と「のぼる」という動詞があるが、これらの動詞の違いについては、柴田ほか (1976) に興味深い分析がある。

なお，climb に関連して見てきた優先規則の考え方は，以下のような場合にも働いている。

(72) a. I must have looked at that a dozen times, but I never saw it.

(何度もそれを見たはずだが，気がつかなかった)

b. I must have seen that a dozen times, but I never noticed it.

(何度もそれを見たはずだが，気がつかなかった)

(Jackendoff (1983))

(72) における二つの文を比べると，see の用法にある種の矛盾があるようにも感じられる。しかし，see は「対象に視線を向ける」と「対象を視覚的に認識する」という二つの要素から成り立っていると考えると，先ほどの climb と同じような説明が可能である。つまり，どちらか一つの要素があれば，文が成立するというものである。

英語を習い始めた時は，どちらかというと look のほうが意味的に「強い」動詞と感じた方もおられたのではないだろうか。意味論的に分類すると，look は行為動詞ということになる。行為に焦点が当たる分だけ，強いと感じられるのかもしれない。一方，典型的な see の場合は，視線が移動して対象を認識するという点で，いわば移動動詞の性格を持っていることになる。このようなことを踏まえて (73) のことわざを見ると，その意味する

ところがよりはっきりするはずである。この場合には，単なる行為動詞としての look を使うことはできないであろう。

(73) Seeing is believing.
　　　(百聞は一見にしかず)

日本語においても，英語と同じように「見る」には二つの意味があり，単にある対象に視線を向ける場合と，ものの本質を正しく捉える意味で使われる場合がある。特に後者の意味の場合は，認識するということを強調するため，「　」に入れて用いられることもある。

2.3.3.2. 意味拡張

Cタイプの動詞の分析の際には，意味拡張というプロセスについて触れた。英語には，動詞が形を変えずに複数の構造に生起できるという特徴がある。(74)はすでに触れた例である。

(74) a.　John danced in the room.　(＝(34a))
　　　　(ジョンは部屋の中で踊った)
　　b.　John danced into the room.　(＝(36a))
　　　　(ジョンは踊りながら部屋の中へ入った)

(74a)の場合は，部屋の中で踊るだけで，特に移動の意味は表現されていないが，(74b)では踊りながら移動する状況が示されている。本書では，この種の現象を意味拡張と呼ぶ。

このような意味拡張は，英語においては広く見られるもので，dance のような場合のほかには，以下のような例がある。

(75) a. Evelyn wiped the dishes dry.
(エヴェリンはお皿を拭いて乾かした)
b. Pauline smiled her thanks.
(ポーリーンは感謝の笑みを浮かべた)
c. Frances kicked a hole in the fence (with the point of her shoe).
(フランシスは (靴の先端で) 塀を蹴って穴を開けた)
(Levin and Rapoport (1988))

wipe, smile, kick は本来は単なる行為動詞であるが，(75) においては，その行為をすることで，状態変化や結果を引き起こすことが含まれることになる。なお，(75a) は結果構文と呼ばれるもので，後で詳しく検討することになる。また，(75b) では，本来自動詞の smile が他動詞として使われている。英語の辞書を見ると，一部の動詞を除き，ほとんどの動詞について自動詞と他動詞の用法が示されており，戸惑う方もいらっしゃるかもしれない。しかし，むしろこれが英語の特徴と考えると，今までとは違った英語の見方ができるのではないだろうか。その際は，英語に許される統語構造にはどのようなものがあり，それに対応する意味構造としてどのような構造が考えられるかをきちんと整理すれば，英語の理解が大いに進むと思われる。

2.4. 日本語の移動表現

2.4.1. 英語と日本語の対比

2.3 節では英語の移動表現について検討したが、その際例文に付した日本語訳からも、英語と日本語には興味深い違いがあることが浮き彫りになったはずである。代表的な例を振り返ってみよう。

(76) a. ジョンは駅へ行った。(= (13a)：A タイプ)
　　 b. ジョンは駅へ走って行った。(= (21a)：B タイプ)
　　 c. ジョンは踊りながら部屋の中へ入った。(= (36a)：C タイプ)
　　 d. ビルはゲップをしながらレストランから出てきた。(= (39a)：D タイプ)
　　 e. ジョンはエレベーターに乗ってロビーへ行った。(= (51a)：その他のタイプ)

(76a) の A タイプの場合は、英語と日本語の間に大きな違いはなく、ほぼ 1 対 1 に対応していると考えてよい。しかし、英語の B タイプ以下については、日本語ではそのまま一つの文で表すことはむずかしくなり、「～して行く」、「～しながら行く」のような形で、本来的な移動動詞の「行く」を付け加える必要がでてくる。

以上のことは、英語と日本語の移動動詞といわれるものの間に

意味構造の違いがあることを示していると考えられる。日本語において様態と移動の要素が別々に表示されるということは、日本語が動詞枠付け言語に属することを意味していると言えよう。本書では、日本語が動詞枠付け言語であるということは維持しながらも、着点などの経路に対しては、「〜して行く」というまとまり（本書では「複合語」と呼ぶことにする）を移動動詞と考えることで分析を進めることにする。これは、言語の類型の違いを前提にしながらも、なお普遍的な意味構造を追求するための手段ということになる。

　日本語については、上で見たもののほかに、移動表現に関しては特徴的な表現形式が二つある。それは、いわゆる非有界的な経路と共起する表現と「まで」を使った表現である。

2.4.2. 非有界的経路

　以下のような例からもわかるように、日本語では「走る」や「泳ぐ」のような動詞がそのままの形で非有界的な経路とは共起できるということがある。

(77) a. ジョンは駅へ向かって走った。
　　 b. ジョンは池のまわりを走った。
　　 c. ジョンはトンネルの中を走った。
　　 d. ジョンは川に沿って走った。
　　 e. ジョンは土手の上を走った。

「走る」や「泳ぐ」が着点などいわゆる有界的な経路とは共起できないことを考えると，(77) に見られるような現象はとても興味深い。ジャッケンドフも次のように述べているように，なかなか厄介な問題で，これまでの研究においては，必ずしも説得力のある説明がなされたということはないと言ってよいであろう。なお，以下の文に出てくる manner-of-motion verbs（移動様態動詞）は，日本語における「走る」や「泳ぐ」などの動詞が想定されている。

> Yoneyama (1986) observes that Japanese similarly prohibits expressions of Goal with manner-of-motion verbs (though certain other Path-expressions are possible, for somewhat obscure reasons): ... However, if these verbs are compounded with the verb *iku* (GO), Goal-expressions are permitted.
> (Yoneyama (1986) は，日本語についても同様に，移動様態動詞と着点を表す経路表現との共起は許されないと述べている。なお，ほかの経路表現については，理由はあまりはっきりしないが共起は可能なようである。... しかし，日本語の移動様態動詞は，「行く (GO)」と複合語を形成すれば，着点表現との共起も許されることになる)
>
> (Jackendoff (1990))

この問題については，私自身も長い間なかなか説明ができないま

までいたが，本書の後半で私なりの答えを出したいと考えている。

2.4.3. 「まで」

日本語では以下の例のように，「まで」を用いた表現が移動表現として使われる。このような使われ方をする「まで」をどのように分析するかということも大変興味深い問題である。

(78) a. ジョンは駅まで走った。
    b. ジョンは駅まで歩いた。
    c. ジョンは岸まで泳いだ。
    d. ジョンは公園までジョギングをした。

(78) においても，「走る」や「泳ぐ」がそのままの形で用いられ，ほぼ「ジョンは駅へ走って行った」と同じような意味を表すと考えられている。本書では，「まで」については，詳しく取り上げることはしないが，この「まで」については，大きく二つの考え方がある。(79) におけるように，状態の継続に対して範囲・限界を設ける標識 (limit-marker) としての用法が基本で，それが移動表現においても着点表現として用いられるとする立場と，「へ」や「に」と同様に着点標識 (goal-marker) とする立場である。

(79) a. ジョンは3時まで寝た。

b. メアリーは夜明けまで踊った。

実は、この問題は日本語だけに限ったことではなく、フランス語やスペイン語のような動詞枠付け言語にも、共通に見られることが指摘されている (Beavers (2008) 参照)。具体的には、フランス語における jusque (まで) とスペイン語における hasta (まで) という一般的な限界標識が、(80) のように移動表現にも使われるということである。

(80) a. フランス語

　　　J'ai　boité jusqu'à la　maison.
　　　I-have limp　until-at the house
　　　(私は足を引きずって帰宅した)
　　　'I limped to the house.'

　b. スペイン語

　　　Juan nadó hasta la　costa.
　　　Juan swam until　the coast
　　　(フワンは海岸まで泳いだ)
　　　'Juan swam to the coast.'

(Beavers (2008))

上で引用したビーヴァーズ (John Beavers) は、一般的な限界標識の「まで」、jusqu, hasta が移動表現にも用いられることについては、動詞枠付け言語における必要性ということで考えている。つまり、日本語やフランス語などの移動様態を表す動詞の場

合は, 衛星 (satellite) としての着点経路とは共起できないという制限があるため, その不足を補う必要性から,「まで」などの一般的限界標識が準用されるということである。この点でも, 語彙化のパターンと言語の構造が関係していて大変興味深い。なお,「まで」については, 私自身は一般的な限界標識と捉えている。

2.5. 二種類の経路

移動表現に用いられる経路については, 大きく以下のような二つのタイプがあることを見た。

(81) a. John ran to the station in ten minutes.
(ジョンは 10 分で駅へ走って行った)
b. *John ran to the station for ten minutes.
(82) a. John ran toward the station for ten minutes.
(ジョンは 10 分間駅へ向かって走った)
b. *John ran toward the station in ten minutes.

(81a) における to は有界的, (82a) における toward は非有界的な経路として分類され, それぞれ in ten minutes (10 分で), for ten minutes (10 分間) という時間を表す前置詞句と共起することになる。

なお, 有界的経路と非有界的経路の区別は, 文全体の解釈との

関係で決まることをあらかじめ注意しておくことが必要であろう。そのことは，以下のような例からもわかる。

(83) a. John walked through the tunnel in an hour.
    (ジョンは1時間でトンネルを歩いて通り抜けた)
    ［有界的］
  b. John walked through the tunnel for an hour.
    (ジョンは1時間トンネルの中を歩いた) ［非有界的］
    (Declerck (1979))

それぞれ，1時間という時間の枠に関して，主語の行為が完結する場合（有界的）とそうでない場合（非有界的）を表している。(83a) の場合は，in an hour により，ジョンがトンネルを通り抜けたことが意図され，(83b) の場合は，for an hour により，ジョンがトンネルの中を歩いただけで，通り抜けてはいないことが意図されている。

移動表現ということではないが，(84) の二つの文についても同様で，シーツがきれいになったと読み取れる場合と，そうでない場合が示されている。

(84) a. John washed the sheet in ten minutes.
    (ジョンは10分でシーツを洗った) ［有界的］
  b. John washed the sheet all day.
    (ジョンは1日中シーツを洗った) ［非有界的］

(ibid.)

なお，for 〜 に関しては，以下の例におけるような期間読みも興味深い。

(85) a. John gave Mary the record for the afternoon.
（ジョンはメアリーに昼の間レコードを貸してあげた）　　　　　　　　　　　(Pustejovsky (1991))
b. My terminal died for two days.
（端末が 2 日間故障した）　　(Pustejovsky (1995))

それぞれ，(85a) ではメアリーがレコードを借りている期間，(85b) では端末が動かなくなっている期間を表している。(上で引用した Declerck (1979) には，有界・非有界の解釈に関連して多くの例文が載っており参考になる。)

2.6. 傾向としての語彙化

以上，語彙化や類型の考え方を基盤として，主として英語と日本語の移動表現についてみてきた。しかし，この種の現象については，「傾向」という考え方が重要になってくると思われる（池上 (1981) 参照）。たとえば，以下のような例では，英語と日本語について，上で見てきたパターンが逆転していることになる。

(86) a. 学生たちは英国大使館へデモをした。

b. *The students demonstrated to the British Embassy.

(Yoneyama (1997))

(86a) に見られるように,日本語では「デモをする」が直接有界的な「へ」をとれるのに対し,(86b) が非文であることから考えると,英語の demonstrate という動詞は,上で見た分類でいうと D タイプに属すことになるようである。英語においては,(86a) の日本語の文に対応する表現としては,以下のような文が使われる。

(87) a. The students demonstrated in front of the British Embassy.
  b. The student demonstrators marched to the British Embassy.
  c. The students demonstrated their way to the British Embassy.

(ibid.)

(87c) に見られるように,way 構文にすると移動表現が可能になる点は大変面白い。いずれにしても,(86a) からもわかるように,日本語における「デモをする」は,デモ行進をするというように,英語でいうと B タイプの動詞に相当したものと理解されているということである。

言語における傾向ということに関しては,ほかにも興味深い例

を挙げることができる。フランス語やスペイン語は，英語とは異なり動詞枠付け言語に属することを見たが，以下の例では，これらの言語においても英語と同じような表現があることが示されている。

(88) フランス語

    a. La fille a dansé vers le garçon.

       (少女は少年のほうへ踊って行った)

       'The girl danced towards the boy.'

(Stringer (2001))

    b. Allez, courons dans la maison!
       go-2PL run-1PL in the house

       (さあ，走って家の中へ入ろう)

       'Come on, let's run in the house!'

(Stringer (2006))

(89) スペイン語

    a. La botella flotó hacia la cueva.

       (瓶は洞穴のほうへ浮かんで行った)

       'The bottle floated towards the cave.'

    b. La botella flotó por el canal.

       (瓶は運河に沿って浮かんで行った)

       'The bottle floated along/about the canal.'

(Aske (1989))

(88) はフランス語，(89) はスペイン語の例であるが，それぞれが衛星枠付け言語特有の表現形式を使っている。(88b) は，たとえば雨が降ってきたときなど，子供たちと一緒に庭にいた母親が使う表現としては容認可能なようである (2PL, 1PL はそれぞれ二人称複数，一人称複数を表す)。この種の例はほかにもあり，上で見た「まで」的な表現の使用を含め，言語における語彙化のパターンや類型は，あくまで傾向として考えたほうがよいことを示していると思われる。なお，(88a) や (89) のような表現については，非有界的経路との共起という問題に関連して，後で再び取り上げることになる。

第 3 章

移動表現との関連から見た結果構文

はじめに

ここで扱う状態変化表現は，一般に結果構文（resultative construction）と呼ばれるものである。まず典型的な例から見てみよう。(1a, b) は他動詞，(1c, d) と (1e) は自動詞の場合である。それぞれが，ある行為などの結果，目的語や主語の状態に変化が起こったことを表している。

(1) a. John pounded the metal flat.
   (ジョンは金属を叩いて平らに延ばした)
  b. John wiped the table clean.
   (ジョンはテーブルをきれいに拭いた)
  c. John shouted himself hoarse.
   (ジョンは叫んで声をからした)
  d. John ran himself to exhaustion.
   (ジョンは走ってくたくたになった)
  e. The river froze solid.
   (川がカチカチに凍った)

すぐに気がつくことは，移動表現と同様，結果構文についても，英語の表現をそのままの形で日本語に訳すことが難しい場合があるということである。また，同じように自動詞を使った結果構文とはいっても，(1c, d) と (1e) の間には構造的な違いがあることがわかる。(1c, d) と (1e) の違いを説明するためには，英語

における自動詞について少し詳しく見る必要がある。

3.1. 結果構文に現れる自動詞

自動詞というと，sleep や smile をはじめとして，基本的には他に働きかけることのない，主語の自律的な行為を表す動詞として理解されていると思われるが，この自動詞には，大きく分けて二つのタイプがある。この問題は，最近の言語学の中で盛んに研究されてきたテーマで，英語の構造を考える際には，是非ともおさえておきたい事柄といってよいであろう。

ここでは二種類の自動詞について考えるが，その一つは (2) のように，主語の行為を表す文の中で用いられる動詞で，一般に非能格動詞 (unergative verb) と呼ばれる。もう一つは (3) のように，本来直接目的語にあたると思われるものが主語になっているような文に現れる動詞で，一般に非対格動詞 (unaccusative verb) と呼ばれる。非対格動詞に関しては，appear, happen, occur, vanish など自動詞専用に用いられる動詞が基本的にこのタイプに含まれることになる。

(2) a. John shouted.
    (ジョンは叫んだ)
  b. John laughed.
    (ジョンは笑った)

(3) a.　A traffic accident happened.

　　　　（交通事故が起こった）

　　b.　An earthquake occurred.

　　　　（地震が起こった）

　なお，非対格動詞については，(4) に見られるような open や break を同様のタイプの動詞と見る立場と，open などについては別のタイプ（一般には能格動詞（ergative verb）と呼ばれる）として区別する立場がある（このような立場については，影山 (1996) を参照）が，本書では，本来直接目的語にあたるものが主語として用いられているという共通性を踏まえて，両者を同一のタイプの動詞として考えることにする。このような考え方をすると，上の (1e) で見た freeze も非対格動詞ということになる。

(4) a.　The door opened.

　　　　（ドアが開いた）

　　b.　The vase broke.

　　　　（花瓶が壊れた）

　非能格動詞，非対格動詞，能格動詞という用語に対してはある種の戸惑いもあると思われるが，ここでは意味的に共通の性質を持った動詞をまとめるためのラベルと考えていただければよいであろう。

3.2. 直接目的語制約

結果構文は基本的には直接目的語の状態変化について描写する文で，そこには直接目的語制約 (Direct Object Restriction: DOR) が働くと考えられている (Levin and Rappaport Hovav (1995))。(1a) の場合は，ジョンが金属を叩いた結果，その行為の影響を受けた金属が平らになったことを表している。(1c) や (1d) で himself が入っているのも，行為の影響を受ける直接目的語に相当するものが補われていると考えるとわかりやすいかもしれない。(1e) が結果構文になりうるのは，主語になっている the river が本来は直接目的語と考えれば説明がつくであろう。逆に言うと，freeze のような動詞の場合は，*The river froze itself solid. とは言わないということになる。なお，(1c) や (1d) における再帰代名詞は，(5a, b) が示すように，shout や run が本来直接目的語としてとるものではなく，結果構文を構成するために用いられるという点はおさえておきたい。(5c, d) からもわかるように，再帰代名詞が欠けると，結果構文としては成立しないことになる。

(5) a. *John shouted himself.
　　b. *John ran himself.
　　c. *John shouted hoarse.
　　d. *John ran to exhaustion.

結果構文が直接目的語に関する状態変化を表すという点では，以下のような例も面白い。

(6) a. The joggers ran their Nikes threadbare.
   (ジョギングをする人たちは，ナイキの靴がボロボロになるまで走った)

   b. The joggers have run the pavement thin.
   (人々がジョギングをしたために，舗道が薄くなった)
   (Carrier and Randall (1992))

   c. The dog barked him awake.
   (犬がほえたために，彼は目が覚めた)
   (Levin and Rappaport Hovav (1995))

(6) の例文のうち，(6b) は，実際に舗道が薄くなった状況を表しているわけではなく，「人々が舗道が薄くなるほど走った」というようなある種の誇張表現として使われるようである (Goldberg (1995))。(6) においても，run や bark が，(1c) や (1d) と同様，本来とることのない直接目的語にあたる名詞句と共起しているが，これらの点からも，結果構文がいわゆる直接目的語の状態変化に関する表現であるということは言えるであろう。ただし，最近の結果構文に関する研究においては，DOR では説明できない例なども取り上げられており，必ずしも DOR が万能というわけではないことには注意する必要があろう (Goldberg and Jackendoff (2004) などを参照)。

このような結果構文が英語に存在することからも，英語にはいわゆるゴール志向性のようなものがあることが見てとれよう。場所変化と状態変化の両面で共通に見られるゴール志向性は，英語という言語の特徴と言ってよい。

なお，shout のような非能格動詞が直接目的語に相当する名詞句をとるのは，(7) のような同属目的語構文 (cognate object construction) と呼ばれる構文と同様に考えることができる。

(7) Mary smiled a sweet smile.
　　（メアリーはにっこりと笑った）

本来自動詞である非能格動詞が，なぜ直接目的語にあたるような名詞句をとるのか，また，再帰代名詞がついた場合における主語の行為と状態変化の関係については，これまでにもさまざまな分析が試みられてきている。詳しくは，Levin and Rappaport Hovav (1995) などを参照されたい。

一方，(8) のような文は主語に関する状態を表すもので，結果構文とはみなされないので注意する必要がある（4.3 節も参照）。

(8) a.　John died young.
　　　　（ジョンは若死にした）
　　b.　John ate the meat nude.
　　　　（ジョンは裸で肉を食べた）

3.3. 結果構文の分類

　上では他動詞と自動詞によって構成される三種類の結果構文について見たが，英語になぜ結果構文のような表現があるのかということについては，第2章でも触れた語彙化のパターンから考えるとわかりやすい。結果構文に現れる結果述語は，ある種のゴール表現と考えることができる。そうなると，衛星枠付け言語に関しては，移動表現に着点の経路をとる場合と同様に考えることができることになる。一方，動詞枠付け言語に属するフランス語においては，結果構文を自由に作ることができないという事実は，衛星としての結果述語をとれないということと平行しており，語彙化のパターンによる二分類の考え方を支持することになろう。

　英語における結果構文については，大きく二つのタイプに分かれるとする考え方がある。本書における今後の分析とも関連するため，少し細かくはなるが見ておくことにする。問題になる二つのタイプとは，弱い結果構文 (weak resultative) と強い結果構文 (strong resultative) である (Washio (1997))。なお，同じような考え方から，前者を本来的結果構文，後者を派生的結果構文と呼ぶ場合もある (影山 (1996), 影山(編) (2001))。

　弱い結果構文とは，動詞の意味からその直接目的語（被動作主 (patient) と呼ぶ）が受ける結果状態がある程度予測できるもの，一方，強い結果構文とは，反対に動詞の意味だけからは結果状態

を予測することができない場合である。具体例を見てみよう。以下の例に対する日本語訳は，できるだけすわりのよい表現になるようにしてある。問題は，特に (10) のような結果構文の場合，日本語では一つの文で表現することができないということである。

  (9) a. John painted the wall blue.

       （ジョンは壁を青く塗った）

     b. Mary dyed the dress pink.

       （メアリーはドレスをピンクに染めた）

  (10) a. The horses dragged the logs smooth.

       （丸太は馬に引きずられて滑らかになった）

     b. They beat the man bloody.

       （男性は彼らに殴られて血を流した）

(Washio (1997))

(9b) における dye は，動詞の意味に必ずしもピンクという色を含んでいるわけではないが，「色」という概念に頼らずにその意味を定義することはできないということで，弱い結果構文ということになる。

 Washio (1997) では，これらの結果構文の言語間における容認度の違いが示されていて大変興味深い。英語ではどちらのタイプも可能であるのに対し，フランス語では，強い結果表現が容認されない一方，弱い結果表現についても厳しい制限があるという

ことである。この点は，衛星枠付け言語と動詞枠付け言語の違いに平行していると思われる。日本語についても，強い結果構文は一文で表すことができないため不可となるが，弱い結果構文については可能である。日本語において強い結果構文が許されないのは，移動様態を表す動詞や行為動詞が有界的な経路とは共起しないということと関連していると思われる。

なお，Washio (1997) では，これら二つのタイプのほかに擬似（見せかけの）結果構文 (supurious resultative) という表現が取り上げられている。以下はその例である。

(11) a. He tied his shoelaces tight/tightly.
    （彼は靴紐を堅く締めた）
  b. He tied his shoelaces loose/loosely.
    （彼は靴紐を緩く締めた）

(11) の場合は，tight と loose という正反対の形容詞が生起すること，副詞でも同様の意味を表す点で，上で見た二つのタイプの結果構文とは異なる。実際に結果構文を分析する際には，この種の表現と他のタイプの結果構文を区別することも必要になるが，その境界がはっきりしない場合もあるので注意する必要がある。なお，擬似結果構文に関しては，フランス語や日本語でもまったく問題なく使える点は面白い。

3.4. 結果構文と移動表現を共通のものと見る考え方

結果構文の分析の中には，移動表現を結果構文の下位クラスとして位置づけ，結果述語と移動の際の経路に対して平行した分析を行う立場がある。最近はこのような考え方が盛んで，以下のようなゴールドバーグとジャッケンドフの分類からは，両者の間の共通性を明確に見てとることができる。

(12) a. 「結果句を形容詞で表す場合」と

   「結果句を前置詞句で表す場合」

   b. 「結果句が性質を表す場合」と

   「結果句が経路を表す場合」

   c. 「自動詞の場合」と

   「他動詞の場合」

   i. 〈他動詞の場合〉

   「目的語が選択的な場合」と

   「目的語が非選択的な場合」

   1. 〈目的語が非選択的な場合〉

   「普通の名詞句の場合」と

   「擬似再帰代名詞の場合」

   (Goldberg and Jackendoff (2004))

なお，(12) の分類では，(1c) の John shouted himself hoarse. の文は他動詞の場合として分類されていることに注意されたい。

以下，(12) の分類を反映している具体例を見てみよう。

(13) a. 自動詞結果構文

　　　The pond froze solid.

　　　(池がカチカチに凍った)

　　　Bill rolled out of the room.

　　　(ビルが部屋から転がり出た)

　　b. 選択的他動詞結果構文

　　　The gardener watered the flowers flat.

　　　(庭師が花に水をあげたらぺちゃんこになった)

　　　Bill broke the bathtub into pieces.

　　　(ビルは浴槽を粉々に壊した)

　　c. 非選択的他動詞結果構文

　　　They drank the pub dry.

　　　(彼らはパブの酒を飲み干した)

　　　The professor talked us into a stupor.

　　　(教授の話にわれわれは疲れてもうろうとした)

　　d. 擬似再帰代名詞結果構文

　　　We yelled ourselves hoarse.

　　　(われわれは大声で叫んだため声がかれた)

　　　Harry coughed himself into insensibility.

　　　(ハリーは咳き込んで意識がもうろうとなった)

　　　　　　　　　　　　　　　　　　　　　　　　　　(ibid.)

選択的他動詞結果構文とは,動詞によって本来的に選択可能な名詞句が直接目的語になっている場合,一方の非選択的他動詞結果構文とは,直接目的語になっている名詞句が,動詞によって本来的に選択されるわけではない場合を指す。(13c)におけるような *drink the pub や *talk us という結びつきは,英語では結果構文のみに限って現れるもので,本来的には許されないからである。

経路に有界的なものと非有界的なものがあるように,結果述語にも非有界的と思われる比較級が使われる場合がある。以下は,そのような例である。

(14) a. For hours, Bill heated the mixture hotter and hotter.
  (何時間もの間,ビルは熱を加えて混合物をどんどん熱くしていった)
 b. For hours, Bill hammered the metal ever flatter.
  (何時間もの間,ビルは金属をさらに平らに叩き延ばした)

(ibid.)

なお,移動表現と結果構文における有界性と非有界性の関係については,5.4節で改めて触れることになる。

3.5. 移動表現の位置づけ

　移動表現と結果構文の間には共通性がありそうなことがわかったが，実際に両者はどのような関係にあるのであろうか。ここでは，先ほど取り上げた強い結果構文と弱い結果構文の二つのタイプについて再度見ることにする。

　移動表現は，動詞と経路表現からある程度移動の際の動きは予想できると考えてよいであろう。その中でも着点表現は無標で，最も安定したものと考えられる。このような見方をすると，移動表現は弱い結果構文に含まれると考えることができると思われる。この考え方を支える二つの背景を以下で見ることにする。

3.5.1. 解釈規則

　以下の例では，解釈規則 (rule of construal) が働いて，文全体の意味の整合性が確保されると考えられている。ここでいう解釈規則とは，語の連鎖にある種の非文法性が見られる場合に，意味を補足する形で解釈を行う過程と考えていただければよいであろう。

(15) a.　The light flashed until dawn.

　　　　（灯りが夜明けまで点滅し続けた）

　　b.　[One waitress says to another:]

　　　　The ham sandwich in the corner wants another

cup of coffee.

([一人のウェイトレスが他のウェイトレスに:] 隅でハムサンドを食べている人が，コーヒーのおかわりです)

(Jackendoff (1991))

(15a) における the light flashed は，本来一回の点滅を表すため，期間を示す until dawn とは調和しないはずであるが，解釈規則が働いて繰り返しの読みが与えられ，文全体の意味の整合性が確保されることになる。また，(15b) に関して言うと，サンドイッチ自体は本来コーヒーを飲むことはできないため，解釈規則が働いて，サンドイッチを食べている人と解釈され，意味の整合性が保たれることになる。どちらも，文におけるある種の非文法性が解釈規則を誘発していると考えられる。同じことは，第2章で見た以下のような文についても言えるものと思われる。

(16) a. The mouse went under the table.

(=第2章 (16a))

b. The mouse went behind the piano.

(=第2章 (16b))

どちらの場合も，そのままでは「移動」と「場所」の間にミスマッチが生じることになる。このミスマッチが引き金になって解釈規則が働き，(16) の場合では，「TO under the table/TO behind the piano (テーブルの下へ／ピアノの後ろへ)」や「VIA under the table/VIA behind the piano (テーブルの下を通って／ピアノの後ろを通って)」のように，経路の要素が補われると考えるわけである。この場合も，移動に関しては，ある種の予測ができることが背景になっていると思われる。

3.5.2. 空間表示

ジャッケンドフの概念意味論では，人間の感覚領域と言語との関係を (17) のような図式 (ここでは大幅に簡略化してある) として表している。このうち，特に視覚，聴覚，触覚などからの情報によって得られる空間表示 (spatial representation) を，概念構造とは独立のレベルとして設定しているのが一つの特徴である。

(17) 空間表示・概念構造・統語論

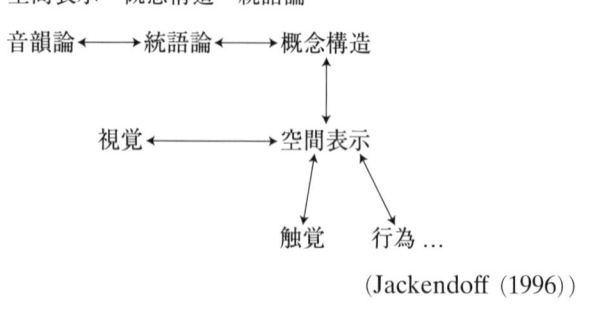

```
音韻論 ←――→ 統語論 ←――→ 概念構造
                              ↕
        視覚 ←―――――→ 空間表示
                         ↑
                    触覚  行為 ...
```

(Jackendoff (1996))

たとえば，人間は目で見た事柄を言語で表すことができるが，そうなると，視覚などからの情報によって形成される空間表示と概

念構造の間には，何らかの関係があるはずであるということになる。ジャッケンドフは，空間表示と概念構造の間のインターフェイスを対応規則によって規定する。言い換えれば，空間表示の情報が概念構造で解釈されると考えることになる。そうだとすれば，概念構造における解釈は，空間表示を基盤とするため，ある程度の予測が可能になると考えてよいであろう。特に移動表現は，空間表示からの情報に依存することを考えれば，移動表現を弱い結果構文と平行したものと考えることは支持されるのではないであろうか。このような空間表示との関係が，弱い結果構文と移動表現を共通のものとしてみる二つ目の背景になる。(17)の図において，「空間表示」—「概念構造」—「統語論」という関係の中で空間表示の位置づけを考えれば，移動表現における解釈の範囲（可能性）はある程度決まってくると思われる。上で見た解釈規則が，コンテクストに基づいた具体的な表現に適用されるという点も，(17)のような言語と空間表示との関係を考えれば説明できると思われる。

3.6. 結果構文と移動表現の類似性

上では移動表現を弱い結果構文に位置づけたが，結果構文と移動表現の類似性について，具体的な例を見ながら考えることにしよう。

(18) a. John golfed himself into a divorce.

   (ジョンはゴルフに熱中し, 離婚する羽目になった)

   b. John drank himself into an early grave.

   (ジョンは酒を飲みすぎて早死にした)

以上のような結果構文はかなり自由に作り出すことができるが, 実は同じような内容は way 構文でも表現することができるのである。

(19) a. John golfed his way into a divorce.

   b. John drank his way into an early grave.

(18) のような結果構文と (19) のような way 構文を比べると, way 構文のほうがよりプロセスの意味が強いという多少の違いはあるものの, 両者には共通性があることが感じられるはずである。なお, 常に両方の表現形式が可能かというと, 必ずしもそういうわけではないようである。

(20) a. Babe Ruth homered his way into the hearts of America. (= 第 2 章 (41b))

   b. *Babe Ruth homered himself into the hearts of America.

(20a) は D タイプの動詞の分析の際に見た例であるが, 再帰代名詞を使った (20b) のような表現は容認度が落ちるようである。

ただし，(20b) のような文の容認可能性の違いについては，その理由を考えることは簡単ではないし，人によってその判断に違いもあるようである。いずれにしても，移動動詞一般についてそうであったように，結果構文の場合も，主語の行為とその結果に関して，ある種の整合性が必要になるということであろう。この場合にも，人間による「解釈」の反映を見ることができる。

3.7. 結果構文における擬似再帰代名詞

今までの分析から，特に自動詞の結果構文の場合には，再帰代名詞を含め何らかの目的語が生起することになることを見た。この点は，普通の移動表現とは異なるところである。これは，結果構文が，あくまで「構文」としての意味を持つと考えれば，基本的には状態変化を受ける直接目的語にあたるものが必要になるということであろう。動詞によって義務的に要求される項と構文によって要求される項の生起の間には違いがあることもある。普通の移動表現では，移動対象となる主語の動きは，上で見た空間表示からの情報を基盤としてある程度予測可能と考えられるが，結果構文の場合は，構文として，動作主（主語），動作主の行為によって影響を受ける被動作主（直接目的語にあたるもの），その行為によって引き起こされる状態変化（結果述語）が必要となる。具体例を見てみよう。

(21) a. John ran himself into the ground.
　　　　（ジョンは走ってへとへとになった）
　　　　　　　　　　　　　　　(Faber and Mairal Usón (1999))
　　b. John ran himself to exhaustion.
　　　　（ジョンは走ってくたくたになった）
　　c. John drank himself under the table.
　　　　（ジョンは泥酔した）
　　d. John drank himself out of a job.
　　　　（ジョンは酒を飲みすぎて仕事を失った）

(21)の各文は，再帰代名詞がない場合は非文になる。なお，(21c)は，再帰代名詞がない場合は意味が異なることになる。

(22)　John drank under the table.
　　　（ジョンはテーブルの下で酒を飲んだ）

(21)におけるように，動作主，被動作主，結果述語の三つの要素をそろえることによって，主語による行為とその結果引き起こされる状態変化が表現されるということなのであろう。一方，移動表現の場合は，空間表示からの情報を基盤とするため，使役的な表現でない限りは，特に被動作主は必要ないと考えられる。この点で，以下の例は興味深い。

(23) a. Kim ran herself to the store.
　　　　（キムは店までなんとか走って行った）

b.　Kim ran to the store.

　　（キムは店へ走って行った）

(Boas (2003))

どちらも移動表現であるが，(23b) の場合は通常の移動表現であるのに対し，(23a) の場合は，二つのエゴ (ego) の存在が感じられるため，その結果として，多少使役的な意味合いが出てくるようである。この点は，ある意味では結果構文を基盤に考えるとむしろ理解がしやすいということもあるかもしれない。なお，普通の状況では，(23b) の表現が移動表現として使われることは言うまでもないことである。

3.8.　in, to, into

　移動表現と結果構文の分析の中で，前置詞 in, to, into が着点や結果を表す際に用いられることを見た。では，この三つの前置詞はどのような関係にあるのだろうか。

(24) a.　John ran in the house.

　　　（ジョンは家の中で走った／ジョンは家の中へ駆け込んだ）

b.　John ran to the station.

　　（ジョンは駅へ走って行った）

c.　John ran into the house.

　　　　（ジョンは家の中へ駆け込んだ）

(24)のうち，(a)は場所読みと着点読みの両方が可能である。三つの前置詞を比較してみると，やはり着点を表す際にはintoが最も安定した前置詞と考えることができる。inの場合に着点読みが可能なのは，前に見た次の表現と同様のものと考えることができる。

(25) a.　The mouse ran under the table.　(＝第2章(25a))
　　 b.　The mouse ran behind the piano.

　　　　　　　　　　　　　　　　　　　(＝第2章(25b))

(25a)の場合は，着点読みの際はTOが補われると考えられる。intoが次のような意味構造を持つとすると，安定した着点表現になることもうなずける。

(26)　　[$_{Path}$ TO ([$_{Place}$ IN ([$_{Thing}$　])])]

その概念構造の中にPlace関数を含むことが，結果構文においてもintoが頻繁に使われる理由と考えられる。次の例のように，場所的な表現が状態を表すことはよくあることだからである。

(27)　John is in good health.
　　　（ジョンは健康だ）

このように見てくると，結果構文においてintoが結果述語を表すために使われることも不思議ではなく，この点からも移動表

現との共通した面を垣間見ることができよう。以下の結果構文の例でも into が使われている。

(28) a.　John ran himself into the ground.　(= (21a))
　　 b.　Harry coughed himself into insensibility.
　　　　　　　　　　　　　　　　　　　　　(= (13d))
　　 c.　John broke the vase into pieces.
　　　　（ジョンは花瓶をこなごなに壊した）

また，次のような例も興味深い。この場合は，(28a) における into the ground（へとへとに（なる））とは異なり，金属の物理的な移動を表している。

(29)　John hammered the metal into the ground.
　　　（ジョンは金属を叩いて地中に埋めた）
　　　　　　　　　　　　　　　　　　　　(Wecksler (2005))

なお，移動表現と結果構文における into の使用については，ヘレン・ケラーの書いた英語を含め，後ほど改めて検討することになる。

into については，2.3.1.1 節で enter との関連で，他動詞としての enter に into がついて enter into a long talk（長話を始める）のような表現があることを見たが，以下のような例も大変興味深い。

(30)　The measure adverbs modify into the core event.

(測定副詞は核事象を修飾する)

(Tenny (2000))

(30) の例では core event という専門用語が使われているが,核事象とは意味構造において核になる要素とでもいうべきものである。たとえば,(31a) の意味構造として (31b) のような表記がなされることがあるが,(31b) において内部に埋め込まれている [Mary TO DIE] の部分が,ここでいう核事象にあたると考えていただければよいであろう。

(31) a.　John killed Mary.
　　 b.　[John CAUSED [Mary TO DIE]]

(30) は,測定副詞 (measure adverb) が Mary TO DIE のような核事象を修飾することを述べたものである。測定副詞とは,以下のような例に見られる partly, completely, thoroughly, halfway のように,行為の結果などがどのような状態にあるかを示す副詞と考えていただければよいであろう。この種の副詞は,動詞の前と後の両方に現れるのもあれば,どちらか一方だけに現れるものもある。

(32) a.　John partly closed the door.
　　　　(ジョンはドアを幾分か閉めた)
　　 b.　The doctor completely cured the patient.
　　　　(医者は患者を完全に治した)

c. Nancy thoroughly mixed the paint.

(ナンシーはペンキを完全に混ぜた)

d. Roger filled the glass halfway.

(ロジャーはグラスを半分満たした)

(ibid.)

これらの副詞は，主語の行為の様態について述べているのではなく，行為の結果がどういう状態であるかを示している。その点で，核事象を修飾しているというわけである。

実は，(30) の文については面白い経験がある。言語学の知識をお持ちのネイティブの方に，最初は何も言わずに，この文を単独で示したところ，「modify は他動詞なので，into は不要」という趣旨の答えが返ってきた。そこで，この文が書かれている本の該当頁を見せたところ，すぐに言語学的な意味を理解し，「OK」の答えがあった。わかりやすく言えば，測定副詞が意味構造において埋め込まれた核事象に入ってゆくようにして修飾しているということなのであろう。日本人が英語を習い始めると，自動詞と他動詞については，明確に区別するように教えられるが，実際には，他動詞と思われている動詞に前置詞がつく表現も見られることには注意する必要があろう。このようなところにも，英語の衛星枠付け言語としての特徴が現れているように思われる。なお，上で引用した Tenny (2000) は，統語論的な語彙意味論の枠組みで書かれた興味深い研究である。

3.9. 移動表現と結果構文の役割分担

上では，移動表現と結果構文の間の類似性に関して検討した。その中で，way 構文が具体的な状況とともに，結果構文と同様に抽象的な状態変化についても表現できることを見た。そこで，いわゆる移動表現，way 構文，結果構文の三つの表現について，英語における役割分担とでもいうべきものを考えてみることにする。

(33) a. 様態を伴わない移動動詞を用いた場合

John went to the station.

(ジョンは駅へ行った)

John went into particulars.

(ジョンは詳細に説明した)

John went into law.

(ジョンは法曹の世界に入った)

John went into debt.

(ジョンは借金をした)

b. 様態を伴う移動動詞を用いた場合

John ran into the room.

(ジョンは部屋の中へ駆け込んだ)

John roller-skated to the park.

(ジョンは公園へローラースケートをして行った)

c. way 構文

John whistled his way along the street.

(ジョンは通りに沿って口笛を吹きながら行った)

John joked his way into the meeting.

(ジョンは冗談を言いながら会議の席に入って行った)

John drank his way into an early grave.

(ジョンは酒を飲み続けて早死にした)

d. 結果構文

John coughed himself into insensibility.

(ジョンは咳き込んで意識がもうろうとなった)

John danced himself to exhaustion.

(ジョンは踊ってくたくたになった)

John ran himself into the ground.

(ジョンは走ってへとへとになった)

(33)からは，結果構文が一律状態変化を表すこと，一方，移動表現の場合は，様態を伴わない go が用いられる場合や way 構文の場合は，空間表現と状態変化表現の両方が可能であることがわかる。様態を伴う移動動詞の場合は，方向句を伴う時は移動表現となる。これらは英語の変化表現における役割分担と考えてよいであろう。本書では，様態を伴わない移動動詞（A タイプ）と様態を伴う移動動詞（B タイプ）を二つに分けて分類することに

したが,その分類の効果はこのような役割分担にも反映されていると思われる。様態が存在すると,それだけ抽象的な領域への拡張が難しくなるということが考えられるからである。(なお,様態の存在に関連して,Ritter and Rosen (1996) は,強い動詞 (strong verb) と弱い動詞 (weak verb) という視点から,run と walk の拡張性の違いについて興味深い分析を提示している。)

　結果構文は一律状態変化を表すとは述べたが,以下の例のように,移動表現との区別が難しくなるような場合もあることは注意する必要があろう。

(34) a.　Tory broke the eggs into the bowl.
　　　　(トーリーは卵を割ってボールの中に入れた)
　　 b.　They laughed John out of the room.
　　　　(彼らが笑ったため,ジョンは部屋から出て行った)
　　 c.　I vacuumed the crumbs off the rug.
　　　　(掃除機をかけてじゅうたんからパンくずを取り去った)

　　　　　　　　　　　　　　(Levin and Rappaport Hovav (2005))

この種の表現は,sneeze the tissue off the table (くしゃみでティッシュがテーブルから落ちる) の場合などを含め,英語の中ではよく使われるようである (4.2節参照)。もちろん,日本語でこれらの文を一つの文で表すことはできないことは言うまでもないことである。

第4章

ヘレン・ケラーを通して見る英語の構造

はじめに

　ヘレン・ケラー (Helen Keller) は，生後1年半ほどして，高熱のために視力と聴力を失ったが，自らの努力とサリヴァン (Anne Mansfield Sullivan) らの指導により，最終的には言葉を話せるようになった。生まれて1年間ほど通常の人間の言語環境の中にいたことが，まわりの人々が使っている言葉を話したいという強い希望になったのではないかと思われる。

　このような状況の中で，ヘレン・ケラーは生涯を通じて10数冊の本を書いている。ここで取り上げるのは，ハーバード大学女子部のラドクリフ・カレッジ (Radcliffe College) 在学中に書かれ，われわれにもなじみのある *The Story of My Life* (1902)（自伝）とその4半世紀後に書かれた，続編とでもいうべき *Midstream: My Later Life* (1929)（流れの中ほど：その後の人生），それにヘレン・ケラーの書いた手紙と *The World I Live In*（私の住む世界）である。どれも100年前に書かれた英語とは思えないほどわかりやすい英語で書かれている。そこには，いわゆる文学的な技巧のようなものはなく，概念意味論的に言うと，概念構造と統語構造が透明な形で対応しているような英語である。視力を失っているため，物理的には空間表示を支える視覚からの情報が欠けているが，それにもかかわらず，通常の人間と変わらない言語活動が行われている。彼女の場合は，視力や聴力の欠如を補う他の感覚領域からの情報が豊かであったと考えられる。

ヘレン・ケラーの書いた英語を通して，空間表示，概念構造，統語構造という三つの構造の関係を考えることは，本書の重要なテーマの一つでもある。ヘレン・ケラーの英語を言語分析のデータとして取り上げるのは，移動表現と結果構文について，とても興味深いデータを観察することができるからである。わずかなデータの中にも，言語の本質と思われるものが垣間見られる気がするのである。本書では，四つのテクストについては，以下のような略記を使用する。

The Story of My Life（Story）
Midstream: My Later Life（Midstream）
Letters（Letters）
The World I Live In（World）

4.1. 移動表現

移動表現に関しては，2.3.1節で取り上げたAタイプからDタイプまでのすべてのタイプの表現が使われている。AタイプからCタイプについては普通に使われているため，ここでは特に取り上げることはしないことにする。ヘレン・ケラーの英語を見ていると，たとえ耳や目が不自由であっても，また，学習を始める時期が普通の子供たちより遅かったとしても，英語という言語の中にさらされると，習得した段階では，本書で取り上げたよ

うな英語に特有の表現を自由に使えるようになっているということがわかる。人間の言語に備わる不思議さに改めて驚くばかりである。彼女にとって言語を習得することがいかに大変であったかは容易に想像がつく。*Story* の中の以下の箇所は，彼女にとっての言語習得の難しさをよく表していると言える。

> Children who hear acquire language without any particular effort; the words that fall from others' lips they catch on the wing, as it were, delightedly, while the little deaf child must trap them by a slow and often painful process.
> (*Story*: 20)
> (耳の聞こえる子供は，特別な苦労もなく言葉を習得します。まわりの人たちの口から出る言葉をいわば空中で楽しげにつかまえるのですが，耳の不自由な子は，まどろっこしく，ときに骨の折れるやり方で，わなを張るようにして掴み取らなければなりません)

以下では，way 構文と音放出動詞を中心に取り上げることにする。例文を通して，彼女がどのような英語を書いたのか実感していただければと思っている。なお，以下の例文提示の際の日本語訳については，本来であればヘレン・ケラーになりきった形で書くほうがよいのかもしれないが，ここではニュートラルな日本語表現を使用することにする。

4.1.1. way 構文

way 構文は,われわれ日本人にとっては,ある種のイディオムとして感じる面が強いところもあるが,2.3.1.4 節でも言及したように,英語ではかなり自由に作られる。ヘレン・ケラーの書いた本の中にも way 構文はよく出てくるが,彼女がどのようにして way 構文を習得したのかは大変興味深いところでもある。まず,2.3.1.4 節でも見た次の文から始めよう。

(1) On entering the door I remembered the doll I had broken. I felt my way to the hearth and picked up the pieces. (*Story*: 16)
(玄関を入ると,壊した人形のことを思い出した。手探りで暖炉のところまで行き,ばらばらになったものを拾い上げた)

この部分は,散歩から戻ってきた際に,自分で壊してしまった人形のことを思い出し,「手探り」で暖炉のところまで行く情景を表現したものである。(なぜ人形を壊したかについては,1.2 節のカテゴリー化に関する箇所で簡単に触れてある。) ここでの feel は「触る」を意味しており,本書で言えば D タイプの動詞にあたる。それが way 構文で用いられることにより,移動を表現しているわけである。彼女の体の動きがはっきりと伝わってくる。次の例では,非能格動詞としての walk と way 構文としての work our way の使い分けが興味深い。

(2) Half walking in the paths, half working our way through the lesser drifts, we succeeded in reaching a pine grove just outside a broad pasture.

(Story: 41)

(半分は道を普通に歩き，半分は雪があまり積もっていないところを注意して進みながら，やっとのことで広い牧草地のすぐ先の松林に着くことができた)

雪が降った後，松林まで歩くところの描写であるが，雪の積もっていないところは walk で，少し積もっているところは，慎重に歩くということなのであろうか，work our way が使われている。way 構文によるプロセスの要素が出ている表現と言えよう。work our way はイディオム的な面もあるが，彼女ならではの表現も含めて，way 構文はかなり自由に作られていると考えてよいであろう。以下のような表現もその例である。

(3) a. ... the great ship, tense and anxious, groped her way toward the shore ... *(Story*: 15)

(大きな船は，緊張と不安の中で，岸に向かって手探りで進んだ)

b. I made my way through a shower of petals to the great trunk ... *(Story*: 19)

(花びらが降りかかる中を進んで，大きな幹のところまで行った)

c. Any teacher can take a child to the classroom, but not every teacher can make him learn ...; he must feel the flush of victory and the heart-sinking of disappointment before he takes with a will the tasks distasteful to him and resolves to dance his way bravely through a dull routine of textbooks. (*Story*: 28)

(どんな先生でも子供を教室につれてくることはできるが、すべての先生が子供に勉強をさせるようにできるわけではない。...子供は、勝利の喜びと傷心する失望を感じてはじめて、いやな仕事も意志をもって取り掛かり、退屈な教科書の勉強も楽しくやりぬく決心ができるようになる）

d. I easily found my way to a pine wood.

(*Midstream*: 45)

(私は簡単に松林まで進むことができた）

e. We picked our way through treacherously smiling cart roads. (*Midstream*: 62)

(通れそうに見えても、実は油断のできない馬車道を足元に注意しながら進んだ）

f. We lectured only occasionally at first, as we were feeling our way towards a programme which would be acceptable to our audiences.

(Midstream: 99)

(内容が聴衆の方々に受け入れられるよう慎重に考えながら進めたため，はじめは時々しか講演はしなかった)

g. A blind man tapped his way along the walk.

(Midstream: 202)

(目の不自由な人が杖でコツコツと音を立てながら歩道に沿って進んだ)

way 構文の役割分担のところでも触れたように，way 構文には空間的な移動表現と抽象的な表現があるが，ヘレン・ケラーも同様に両方の用法で使っている。また，(3c) では dance が way 構文で用いられているが，dance がこの用法を持つ点は本書の分析と平行している。このように見てくると，way 構文は単なるイディオムではなく，生産性を持った表現と考えることができる。なお，dance のような C タイプの動詞が way 構文を構成できるということは，C タイプの動詞を，普通は way 構文では用いられない B タイプの動詞と区別する根拠のひとつになるかもしれない。

4.1.2. 音放出動詞

　ヘレン・ケラーの書いた本では，いわゆる音放出動詞が使われていることも興味深い点である。視覚や聴覚を欠いていても，触

覚を含めたほかの感覚領域からの情報は普通の人以上のものがあったのであろう。*Story* には，まわりの人からナイアガラの滝の驚異と美しさがわかるのですかと聞かれ，わかりますと答える箇所（p. 55）もあるが，そこには，彼女の強い意志のようなものも感じられる。以下は，音放出動詞の例である。

(4) a.　... the children watched the trains whiz by.

(*Story*: 39)

　　（子供たちは汽車がヒューという音を立てながら通り過ぎるのを見ていた）

b.　As the train rumbled by, ...　(*Story*: 40)

　　（汽車がゴトゴトと通り過ぎた時に）

c.　... a street car rattled past the doors.

(*Midstream*: 100)

　　（路面電車がガタゴトと音を立てて戸口の前を通り過ぎた）

音放出動詞は，さすがに頻度としては way 構文よりは少ない。事物が発する音とその移動の関係を聴覚のない彼女がどのように捉えていたのかについてははっきりしないが，いずれにしても，英語において音放出動詞が移動表現として使えるということは習得していたのであろう。

4.1.3. 解釈規則

2.3.1.1 節では，The mouse went under the table. については，着点読み (TO) と経由読み (VIA) が可能であることを見たが，その点に関連して以下の例が興味深い。

(5) a. After the play I was permitted to go behind the scenes. (*Story*: 98)
   （劇が終わった後，舞台裏に行くことを許された）
 b. I love to stand on a little bridge and feel the brook flowing under it with minnows in her hands. (*Midstream*: 311)
   （私は小さな橋の上に立ち，小魚の泳ぐ小川がその下を流れて行くのを感じるのが好きです）

(5a) では go と behind の間には to はないが，この場合は舞台裏に行くという意味で使われている。また，(5b) は川が橋の下を流れるという意味なのであろう。どちらについても，本書で見た解釈規則が使われ，それぞれ TO と VIA が補われていることになる。

4.1.4. climb

移動表現に関しては，ヘレン・ケラーにおける動詞 climb の用法も興味深い。climb については，すでに 2.3.3.1 節で様態に関連して触れてある。以下は，そのとき挙げた例である。

(6) a. John climbed the mountain.

　　　（ジョンは山に登った）　（＝第2章 (68b)）

　b. John climbed up the mountain.

　　　（ジョンは山を登った）　（＝第2章 (68c)）

他動詞として climb が使われる場合は，直接目的語として表された場所の頂上まで上ることが意図されているが，up のような前置詞を伴う場合は，途中経過の意味合いが強くなると言われている。その点から考えると，以下のような例では，その種の使い分けがなされていると見てよいであろう。

(7) a. I climbed another tree.　(*Story*: 19)

　　　（別の木に登った）

　b. I cannot, it is true, see the moon climb up the sky.　(*Story*: 90)

　　　（もちろん私には月が空を上るのを見ることはできません）

他動詞の直接目的語には，John killed Mary.（ジョンはメアリーを殺した）におけるように，何らかの影響を受けることが意図されているが，climb についても，他動詞として使われる場合には，対象に対する影響が感じられる。(7a) の場合で言えば，彼女にとって登ることが可能な木の「頂上」まで登ったということなのであろう。一方，空には境界が無いということで，climb up が

使われているように思われる。

　以上の分析を踏まえると，ヘレン・ケラーが英語を習得する過程で，移動表現をどのように習得したかについて，重要な点が見えてくる。移動表現は個々別々にあるのではなく，英語という言語にさらされた段階で，way 構文や音放出動詞を含め，少なくとも本書で言うような A タイプから D タイプまでについてはセットで習得されたと考えてよいようである。移動表現は語彙化のパターンに支えられたものであるが，衛星枠付け言語としての英語を考えれば，A タイプから D タイプまでの表現方法は，むしろ必然的なものと言ってもよいのかもしれない。この点は，英語を学ぶ際にぜひとも留意したいものである。あわせて，英語の動詞が形を変えずに，意味拡張というプロセスによって他の用法にも拡張できるという点で，複合動詞を用いて表現する日本語とは異なることも覚えておくと役に立つであろう。

4.2. 結果構文

　ヘレン・ケラーにおける結果構文は，本書で見たものと少し状況が異なる。3 章で見たような典型的な結果構文（たとえば，John pounded the metal flat. や John shouted himself hoarse.）はほとんどなく，前置詞 into を使った表現や状態変化が起こるまでのプロセスを表す until を使った表現が目立つ。すでに見たように，into は結果状態を表すには安定した表現と言

えるし，until は状態変化を確実に伝えることのできる表現と言える。具体例を見てみよう。まずは，いわゆる結果構文的なものから見ることにする。

(8)　I lived myself into all things.　(*Story*: 36)
　　（私は生きてゆく中であらゆるものと一体感を感じるようになった）

(8) は擬似再帰代名詞が使われており，ヘレン・ケラーの本の中では最も結果構文らしい文と見てよいものである。自分の中に新しい世界が開けた喜びを語る箇所で，生きるという営みの中で，まわりのあらゆるものに触れることにより，自分が孤立した存在ではなくなった状況を表している。すでに見た結果構文の分析を踏まえれば，(8) における live は，漠然とした状態動詞ではなく，はっきりとした行為動詞ということになる。以下の三つの文も結果構文的である。

(9) a.　I soon recover my buoyancy and laugh the discontent out of my heart.　(*Story*: 74)
　　　（私はすぐに快活さを取り戻し，不満の気持ちを笑い飛ばす）

　　b.　The door was flung open.　(*Midstream*: 40)
　　　（ドアが開け放された）

　　c.　... a breeze has blown my papers off the table.

(*World*: 32)

（風が吹いて，書類がテーブルから落ちた）

(9b) や (9c) は，第 3 章の例文 (34) で見た They laughed John out of the room. や I vacuumed the crumbs off the floor. のような表現と同様のタイプと考えてよいであろう。

次は until を使った表現である。

(10) Miles and miles he ran until he was worn out.

(*Midstream*: 279)

（[馬は] 何マイルも走ってへとへとになった）

(10) における he は馬のことで，走るという行為の結果，疲れるまでの状態変化を表したもので，その変化を表すために until が使われている。そのほか，(11) でも同様に until が使われて，いわゆる結果構文と同じような状態変化を表している。

(11) a. This made me so angry at times that I kicked and screamed until I was exhausted. (*Story*: 6)

（このことではときおり腹が立ち，疲れ果てるまで蹴ったり叫んだりした）

b. I have read and reread it until in many parts the pages have faded out. (*Midstream*: 313)

（何度も繰り返してそれ [聖書] を読んだため，多くの頁で点字がつぶれた）

ヘレン・ケラーがなぜ本書で見てきたような結果構文を用いず，until を多用したのかははっきりしない。結果構文が少ないことを考えると，特に形容詞を結果述語として用いた結果構文は，どちらかというとイディオム的なものなのかもしれない。

なお，until に関しては，(12a) のような結果構文に対して (12b) のような言い換えを提示している分析もある。その主旨は，行為と結果の間には漸増的過程 (incremental process) (Rothstein (2004)) があるというもので，ジョンが歌うことと赤ん坊が眠りにつくことの間に因果関係を想定することになる。

(12) a.　John sang the baby asleep.
　　　　（ジョンは歌って赤ん坊を寝かしつけた）
　　b.　John sang until the baby fell asleep.
　　　　（ジョンは赤ん坊が眠るまで歌った）

(小野 (2007))

(12b) で説明のために用いられている until は，ヘレン・ケラーが状態変化を表すために用いている until と平行したものと考えてよいであろう。このように見てくると，until を用いた表現は，結果構文の原型と考えてもよいのかもしれない。

4.3. into

前節では until を使った結果構文的な表現を見たが，状態変化

という点では，ヘレン・ケラーの本の中には，into を使って結果状態を表す表現が頻繁に見受けられる。移動表現の際に着点を表す into が，状態変化を表すのに使いやすいということも背景にあると思われる。次に into を使った表現について見ることにする。

ヘレン・ケラーにとって，into は外界とのいわばインターフェイスの役割を果たしているようにも思われる。次の例は彼女がサリヴァン先生から単語を教えてもらう際の状況を表したものである。

(13) Miss Sullivan slowly spelled into my hand the word "d-o-l-l." (*Story*: 15)
（サリヴァン先生はゆっくりと私の手の中に「にんぎょう」と書き込んだ）

この種の文は彼女の書いた本のいたるところに見られる。言語習得が進むと，書き込むのは単語ばかりでなく，次の例に見られるように chatter（おしゃべり）のようなものまで目的語になっていく。

(14) Miss Sullivan spelled their bright chatter into my hand. (*Midstream*: 18)
（サリヴァン先生は彼らの明るいおしゃべりを手のひらに書いて教えてくれた）

結果構文は，英語において状態変化を表す表現形式であるが，ヘレン・ケラーにとっても状態変化を表す必要性はあったはずである。それを形容詞の結果述語ではなく into や until を使って表現したということは，形容詞を使った結果構文があまり生産性のある表現形式ではないことを示しているようにも思われる。into を使ったほかの例も見ておくことにしよう。

(15) a. The fire leaped into life.　(*Story*: 9)

　　　（火が突然燃え上がった）

　　b. No sooner had I been helped into my bathing-suit than I sprang out upon the warm sand …

(*Story*: 34)

　　　（水着を着せてもらうやいなや，私は温かい砂の上に飛び出した）

　　c. Through philosophy one enters with sympathy of comprehension into the traditions of remote ages and other modes of thought …　(*Story*: 75)

　　　（哲学を通じて，理解のある共感をもってはるか昔の伝統や異なる思考様式を知ることになる）

　　d. I felt the air had blossomed into joy.

(*Midstream*: 145)

　　　（私は大気が喜びに満ち溢れていることを感じた）

　　e. New ideas kept crowding into my mind.

(*Midstream*: 156)

(新しい考えがどんどん私の頭に浮かんできた)

 f. With my fingers on his lips, Caruso poured his golden voice into my hand. (*Midstream*: 285)

(私の指を自分の唇に乗せさせ，カルーソーは彼の黄金の声を私の手の中に注いだ)

(15c) では enter into が使われているが，この場合は，enter と into が離れて使われている。enter into がひとまとまりではなく，into が普通の前置詞のように扱われている点で大変興味深い。

 もちろん，ヘレン・ケラーにおいても，into はいわゆる抽象的な状態変化を表す場合だけでなく，空間的な位置変化を表す場合にも使われる。以下はその例である。

(16) a. Men go down into the ground and dig out the coal. (*Letters*: 131)

(人は地中にもぐり石炭を掘り出す)

 b. Sometimes he would take me into the sitting room and sing for me some of the songs that had made him famous. (*Midstream*: 272)

(ときどき彼は私を居間に連れて行って，彼を有名にした歌をいくつか歌ってくれた)

(16a)とすでに見た He ran himself into the ground.（彼は走ってへとへとになった）を比べてみるのも面白いであろう。擬似再帰代名詞が結果構文において重要な役割を果たしていることがわかる。また，(16b)には make の使役用法があるが，この種の表現はきちんと使われているようである。そのほか，以下のように，主語の状態を表すいわゆる記述的（depictive）な二次述語も普通に使われていることを考えると，やはり形容詞を使った結果構文は少し特殊な表現なのかもしれないと思えてくる。

(17) a. The next morning my teacher awoke very ill.

(*Midstream*: 146-7)

（翌朝起きたとき，先生はひどい病気だった）

b. Always I return home weary ... (*Midstream*: 295)

（いつも家に帰ると疲れていて...）

なお，into に関連して，以下のような有名な例についても見ておこう。

(18) a. *Medusa saw the hero into stone.
b. *Midas touched the tree into gold.

(Simpson (1983))

どちらも非文であるが，なぜこれらの例が結果構文として成立しないのかについては，いろいろと議論がなされてきた。本書におけるこれまでの分析を踏まえると，into はかなりの場合に状態

変化を表すことができることは間違いないが,さすがに物体の変化までは表すことができないということではないだろうか。その点では,以下の例が参考になる。

(19) John hammered the metal into a ball.
(ジョンは金属を叩いてボール状にした)

(小野 (2007))

この場合は,あくまで形状の変化なのであろう。物体そのものの変化は,結果構文で表すことが難しいことは,おとぎ話などで物体の変化を表現する場合には,turn や change が使われることからも言えよう。『シンデレラ物語』(*Cinderella*) の中には,以下のような例がある。

(20) The pumpkin changed into a splendid golden coach.
(かぼちゃはすばらしい黄金の馬車になった)

change や turn の動詞には,物体の変化を引き起こすような意味があると考えてよいだろう。

以上,ヘレン・ケラーの書いた英語について,移動表現と結果構文を中心に見てきた。ヘレン・ケラーを専門的に研究しているわけではないこともあり,私自身彼女が英語という言語をどのように習得したのかということについては,はっきりしない部分もあるが,いずれにしても,ヘレン・ケラーの使う英語からはいろいろなものが見えてきそうである。

第 5 章

移動表現と結果構文の意味構造・統語構造

はじめに

これまで移動表現と結果構文について検討してきたが，最後にこれらの表現の意味構造と統語構造がどのようなものであるかということについて，言語における普遍性を視野に入れながら考えることにする。英語と日本語の移動表現を比べると，特に，有界的経路との共起という点で興味深い違いがあるが，この点を踏まえながら，両言語の構造をカバーするような共通の意味構造の可能性について検討することにする。

5.1. 二種類の経路再考

今までの検討の中では，経路には二つのタイプがあることを見た。移動表現の意味構造を考える上では，両者を区別することが重要な前提になる。まず，経路を伴う例について確認しておこう（(1)-(3) は Yoneyama (2005)）。

(1) a. The mouse ran under the table to the hole.
   （ねずみはテーブルの下を通って穴のところまで走って行った）
   b. The mouse ran under the table to behind the piano.
   （ねずみはテーブルの下を通ってピアノの後ろに走り

込んだ)

(2) a. Bill walked along the street to the station.
(ビルは通りに沿って駅まで歩いて行った)

b. Bill walked around the lake to the restaurant.
(ビルは湖のまわりを歩いてレストランまで行った)

(3) a. Bill walked the bridge to its end.
(ビルは橋を歩いて終わりのところまで行った)

b. Bill climbed the mountain to the top.
(ビルは山を登って頂上まで行った)

(4) John ran into the room to the blackboard.
(ジョンは部屋に入って黒板のところまで行った)

(Gruber (1976))

(1)から(4)には,便宜的に四つのタイプに分けて二種類の経路が用いられていると思われる例を挙げてある。

まず確認すべきことは,経路に関しては,人間が移動する際,同時に二つの目的地に着くということは物理的に不可能であるということである。このような常識的な知識からも,一つの文にはゴール表現は一つしかないということが言えよう(Tenny (1994))。また,ゴールがあれば,その途中の移動過程も存在すると考えてよいであろう。このような背景を踏まえると,上で挙げた例文の解釈からも興味深い点が浮かび上がってくる。

まず,The mouse ran under the table. 自体はあいまいで,

TO か VIA の読みがあることはすでに見た。しかし，(1) においては，to the hole や to behind the piano のゴール解釈が優先し，The mouse ran under the table. の部分は経由的な経路としての解釈になる。(2) では，非有界的な経路 (along, toward など) と有界的経路 (to) が共起している場合である。また，(3) では，walk や climb が直接目的語のような名詞句をとっている。この場合で面白いことは，そのゴールにあたる場所は，直接目的語に直結している場所であるということである。この点は，すでに見た直接目的語と影響性の関係からの説明が可能かもしれない。したがって，(3) に見られるように，この種の例では to its end や to the top のような最終地点がゴール表現として用いられるようである。その点では，次の例も興味深い。

(5) John climbed the mountain to the station.
(ジョンは山を登って駅まで行った)

この場合も，普通は山の上に駅があるという解釈になるようである。移動表現にはある種の連続性が必要ということなのであろう。この点では，すでに見た (6) の例が，移動表現としては成立しないこととも関係していると思われる。

(6) John got off the elevator to the lobby.

(＝第 2 章 (56))

(6) のようにエレベーターを降りてしまうと，移動表現としての

連続性の確保が難しくなるということであろう。

　最後に (4) の例であるが，本書では (1)-(3) と同様の表現として考えることにする。つまり，ジョンが部屋に入って黒板のところまで走って行った，という状況を表すために，有界的経路と非有界的な経路が使われているというもので，into the room は形の上からは有界的ではあるが，文全体としては途中経過的な経路として解釈されることになると考えることになる。この点では，以下の例との対比が面白い。

　(7) *John entered the room to the blackboard.

(Gruber (1976))

ここでは，上で言及した連続性の概念を使い，enter the room では，移動事象の連続性が確保できないためと考えることにする。この問題は，一般的には go into と enter の間の意味の違いとして考えることができる。つまり，enter の場合は，境界通過に焦点があるのに対し，into を使った表現の場合は，空間の中まで入ることが想定されているということである。

　go into と enter に関しては，松本 (1997) が (8) のような図を使って興味深い分析をしている。(8b) では，enter の境界通過の感じがよく表されている。

(8) a. go into   b. enter

(松本 (1997))

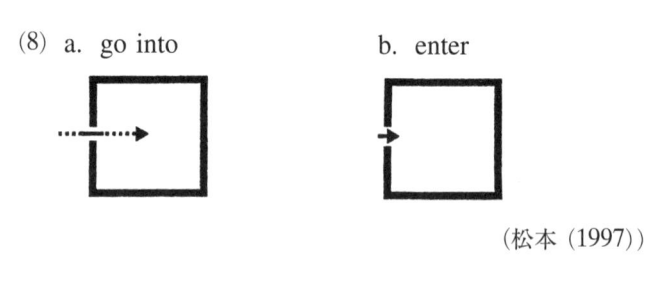

(8)のような分析は，本書での説明を支持するものであると思われる。なお，第4章で見たヘレン・ケラーの例についても同様の説明が可能であろう。

(9) On entering the door I remembered the doll I had broken. I felt my way to the hearth and picked up the pieces. （＝第4章 (1)）

(9)における enter the door は境界通過と考えてよいものであろう。玄関を通過したところで壊した人形のことを思い出し，その後暖炉のところまで手探りで行った，というように解釈すると，彼女の行動全体が鮮やかに見えてくる。

　以上の検討から見えてくることは，経路には二つの種類のものがあり，それぞれが，単独で使われる場合と二つが共起する場合があるということであるが，その際，形式上有界的な経路が二つある場合は，一方が経由的な経路として解釈されるということになる。

5.2. 日本語における移動表現再考

2.1 節では，日本語では英語の移動表現に対応するのは A タイプだけで，そのほかのタイプについては，「〜て行く」のように動詞を複合語的にするとか，「〜しながら行く」のようにしないと直接は有界的な経路（着点表現）をとれないことを見た。しかし，それとは別に，日本語でもいわゆる非有界的な経路の場合には，以下のように文法的になることがあることはすでに 2.4.2 節で触れた。

(10) a. ジョンは駅へ向かって歩いた。
   b. ジョンは土手の上を歩いた。
   c. ジョンは通りに沿って歩いた。
   d. ジョンは池のまわりを歩いた。

なぜ，このようなことが起こるのであろうか。この点は，私にとっても一つの「なぞ」で，答えを出せないままずっと頭の片隅に残っていた問題でもある。問題提起をしてから 20 年ほど経った今，何らかの説明を試みてみたいと考えている。以下では，この問題に私なりの答えを出すために，いくつかの前提となる分析を検討することにする。

5.3. 非有界的な経路との共起

　2.6節では，移動表現に関して，英語と日本語が逆転する例を挙げ，それを「傾向」という考え方から説明したが，最近になってこの種の発言が多く見られるようになってきた。つまり，動詞枠付け言語においても，衛星枠付け言語のような形式の表現が見られる一方，逆の場合も見られるというものである。語彙化のパターンに見られる区別は，ある程度一般的なものと考えてよいとは思うが，やはり意味的な問題が関係してくると，厳格には扱えないようなケースも出てくるということであろう。2.6節では，動詞枠付け言語に分類されるフランス語，スペイン語においても，日本語と同様に非有界的な経路に関しては直接共起できることを見た。

　実は，英語においても，非有界的な経路に関しては，本来移動を含まないような動詞についても，以下の例のように共起が可能な場合があるのである。

(11)　John ate along the river.
　　　（ジョンは川に沿って食事をした）　　（Klipple (1991)）

along 〜 と典型的なゴール表現である to 〜 とでは，統語的な位置づけが異なることは容易に想像がつく。以下は，それを明示的に表している。

(12) a. *John went to school and Bill did so to work.
   b. John ate along the river and Bill did so along the canal.
   (ジョンは川に沿って食事をし、ビルは運河に沿ってそうした)　　　　　　　　　　　　　　　(ibid.)

概略的に言えば、do so という表現は、動詞句の中の主要な部分を do so で置き換えたものである。(12b) の場合で言えば、ate と along the river に関しては、along the river はどちらかというと副詞的な要素で、両者の間には密接な関係がないことが示されている。一方、went to school の場合は、(12a) に見られるように、to school が動詞句の内部にあって動詞と密接に結びついていることがわかる。

ここで、再びヘレン・ケラーに登場していただこう。

(13) I used to feel along the square stiff boxwood hedges, and, guided by the sense of smell, would find the first violets and lilies. (*Story*: 3)
(私は角ばった堅いツゲの茂みを手で触りながら、嗅覚によって、早咲きのスミレやユリの花を見つけたものでした)

(13) における feel は「手で触る」という意味を表す動詞で、前に言及した例では way 構文が使われていたが、その際の経路は

以下のように有界的なものであった。

(14) I felt my way to the hearth. （＝第4章(1)）
(私は手探りで暖炉のところまで行った)

もちろん，(13)についても way 構文にしようと思えば，それも可能であるが，ここでは along のように非有界的な経路が使われていることが重要な点である。この例をヒントにして，いくつか自分で例文を作ってみた。

(15) a. John felt around the tree.
(ジョンは木のまわりを手探りした)
b. John felt toward the exit.
(ジョンは出口へ向かって手探りをした)
c. John felt along the wall.
(ジョンは壁に沿って手探りをした)
(16) a. *John felt to the exit.
b. John felt his way to the exit.
(ジョンは手探りしながら出口まで行った)
(17) a. John belched along the fence.
(ジョンは塀に沿ってゲップをした)
b. John belched around the lake.
(ジョンは湖のまわりでゲップをした)

ある意味では予想どおりの結果になった。feel や belch のよう

に，本来動きのない動詞についても，eat と同じように非有界的な経路とは共起できるということ，また，有界的な経路の場合は way 構文にしなければならないということである。なお，以下のような例からも，この種の文法性の判断は「解釈」によるということが言えよう。いくら feel や belch が非有界的な経路との共起が可能とは言っても，目的地までの距離やその場の状況も判断の基準になるということである。

(18) a. *John felt toward the station.
   b. *John belched toward the station.

このような場合は，way 構文を使うことになる。

5.4. （非）完結性と（非）有界性

これまでは，以下のような文との関連の中で，完結性と有界性という概念をあまり区別せずに使ってきた。

(19) a. John ran to the station. ［有界的］
   b. John ran toward the station. ［非有界的］

この問題は，他の例についても同じようなことが言える。

(20) a. John read a book.
   （ジョンは（1冊）本を読んだ）

b.　John read books.

　　　（ジョンは（何冊か）本を読んだ）

日本語でははっきり区別することが難しい面もあるが，(20a) は1冊の本を読むということで，境界を設定することができるため有界的な表現となり，(20b) は，裸の複数形ということで境界の設定ができないため，非有界的表現ということになる。よく知られているように，有界的な文とはいっても，進行形にすると強制的に非有界的になる。

(21) a.　John was running to the station.

　　　（ジョンは駅まで走っていた）

   b.　John was reading the book.

　　　（ジョンは（1冊）本を読んでいた）

しかし，(21) の二つの文を見ると，run to the station と read a book が本来的に持っている有界的な意味合いは保持されているようにも思われる。そこで，ここでは，デプレテール (Depraetere (1995)) の考え方をヒントにして，動詞句が表す事象については (非) 完結性 ((a)telicity)，文全体が表す状況については (非) 有界性 ((un)boundedness) という概念を使って分けて表すことにする。以下は，この考え方の基盤になった例である。

(22) a.　John opened the parcel.　［完結的　有界的］

(ジョンは包みを開けた)

b. John was opening the parcel. ［完結的　非有界的］
(ジョンは包みを開けていた)

c. John read a book. ［完結的　有界的］
(ジョンは(1冊)本を読んだ)

d. John read books. ［非完結的　非有界的］
(ジョンは(何冊か)本を読んだ)

e. John played football. ［非完結的　非有界的］
(ジョンはフットボールをした)

f. John has played football. ［非完結的　有界的］
(ジョンはフットボールをした)

(Depraetere (1995))

主旨はもうおわかりであろう。(22e) と (22f) を比べると，play football 自体は非有界的なものであるが，(22f) の場合は，現在完了形を使うことにより，文が表す事象全体は有界的な表現になるというもので，(21) で進行形を使うことにより，有界的な表現が非有界的な状況として解釈されることとちょうど反対になる。この種のことは，すでに見た次のような表現についても，同様に言えるのではないだろうか。

(23) John washed the sheet all day. (=第2章 (84b))

シーツを洗うという行為は，本来的にきれいにすることを意図し

たもので，完結的と言える。しかし，all day という時間の枠の中に入ることにより，文全体としては非有界的になるというものである。

ここでのねらいは，上で見た二つの概念を移動表現に応用し，動詞枠付け言語に見られる非有界的経路との共起を説明することである。英語と日本語の移動表現については，以下のような特徴づけができると思われる。

(24) a.　John ran to the station.　［完結的　有界的］
　　 b.　John ran in the field.　［完結的　非有界的］
　　 c.　John ran toward the station.　［完結的　非有界的］
(25) a.　ジョンは駅へ走って行った。［完結的　有界的］
　　 b.　ジョンは駅へ向かって走った。［非完結的　非有界的］
　　 c.　ジョンは川に沿って走った。［非完結的　非有界的］

(24a) は，英語における典型的な移動表現で，様態は含んでいるものの，本来的に方向性を持ったものとして特徴づけることができる。(24b) は，動詞 run は本来的には完結的な動作と考えられるが，文全体としては境界が設定されないため非有界的となる。(24c) も同様である。一方，日本語における (25) では，(25a) の「走って行く」という複合語の場合は，(24a) と同様の特徴づけが行われるが，その他については，すべて非有界的なものとみなされる。また，本書で見た以下の例も平行した扱いが可能である。

(26) a.　John ate along the river.　(= (11))

　　　［非完結的　非有界的］

　　b.　John felt toward the exit.　(= (15b))

　　　［非完結的　非有界的］

　すでに見たフランス語やスペイン語の例において，本来ゴール表現をとれない動詞が非有界的な経路とは共起できるという現象も，同様に説明することができよう。

　文が表す事象について，動詞を軸とした行為に関する（非）完結性と文全体が表す状況に関する（非）有界性を区別することにより，言語における語彙化のパターンとその傾向について，ある程度の見通しをもつことができるように思われる。もちろん，この種の現象には概念構造における「解釈」が関与していることを考えると，きれいな形で説明することが難しいことも認めざるをえないであろう。

　なお，このように，日本語と英語の間の違いが，複合語にすることによって解消されるという現象はほかにも見られる。結果構文と複合語の関係についてはすでに見たが，一般に壁塗り交替 (spray paint alternation) と呼ばれる下のような例にも見ることができる。((27) から (32) までの例は Fukui, Miyagawa and Tenny (1985) から。)

(27) a.　John smeared paint on the wall.

　　　（ジョンは壁にペンキを塗った）

  b. John smeared the wall with paint.

   （ジョンは壁をペンキで塗った）

(28) a. ジョンは壁にペンキを塗った。

  b. ジョンは壁をペンキで塗った。

英語の smear と日本語の「塗る」の場合は，どちらも二つのタイプの表現が可能で，上の例で言えば，(b) の場合には全体解釈があると言われている。しかし，同じような動詞でも，以下の例では英語と日本語の間には，交替の可能性に関して違いが生じる。

(29) a. John sprayed water on the sidewalk.

  b. John sprayed the sidewalk with water.

(30) a. ジョンは歩道に水をまいた。

  b. *ジョンは歩道を水でまいた。

このような場合，日本語では「まき尽くす」という複合動詞にすると，英語と同様の交替表現が可能になる。

 (31) ジョンは歩道を水でまき尽くした。

(30a) における「まく」があくまで行為を表しているのに対し，(31) における「まき尽くす」の場合は，歩道全体が水でおおわれるという結果の意味まで含んだ表現になるということである。

 このように，日本語は複合動詞が豊かで，行為動詞の後に結果を示唆する動詞を付け加えることによって，全体として行為とそ

の結果を表す表現となるが，英語の場合は，一般に動詞の複合語が作れないため，動詞が形を変えずに交替する場合が多い。もちろん，英語についてはどんな場合でも交替が可能かというとそういうわけではない。いわゆる自他の交替 (transitivity alternation) については，以下のようなケースもあり，個々の動詞の意味に基づいた説明が必要になる。

(32) a. John cut the bread.
   （ジョンはパンを切った）
   b. *The bread cut.
(33) a. John broke his promise.
   （ジョンは約束を破った）
   b. *His promise broke.

自他の交替が可能な以下の例と比較してみると面白い。約束の場合は窓とは異なり，自然に破られることはないということであろう。

(34) a. John broke the window.
   （ジョンは窓を壊した）
   b. The window broke.
   （窓が壊れた）

このように，移動表現を軸に言語を見てくると，いろいろな現象について同じようなことが言えることがわかる。おそらく，移

動表現は人間にとってもっとも基本的な言語現象であり、移動表現を理解できれば、当該言語については、ある程度の理解ができるということが言えよう。

5.5. 移動表現の意味構造

これまで、英語と日本語の移動表現について、フランス語やスペイン語の例を交えながら見てきた。文の表す事象について、(非)完結性、(非)有界性という二種類の概念を基盤にすることにより、移動表現における全体的な構図が見えてきたが、続いてここでは、移動表現を説明する一般的な意味構造について考えてみたい。

以下では、有界的な経路と非有界的な経路、本来的に経路を選択する動詞とそうでない動詞という四つの要素に基づく意味構造を考えることにする。以下の意味構造を見てみよう。

(35) a. $\begin{bmatrix} \text{GO} ([_{\text{Thing}} x], [_{\text{Path}} \text{TO} ([_{\text{Thing/Place}} y])]) \\ \langle [\text{WITH/BY} [\text{MOVE} ([_{\text{Thing}} x])]] \rangle \\ _{\text{Event}} \langle [_{\text{Path}'} \quad] \rangle \end{bmatrix}$

b. $\begin{bmatrix} \text{MOVE} ([_{\text{Thing}} x]) \\ _{\text{Event}} \langle [_{\text{Path}'} \quad] \rangle \end{bmatrix}$

(35a)では、はじめから経路として TO を選択するように指定してある。〈　〉は随意的な要素であり、選択される場合もあれ

ばされない場合もある。[WITH/BY [MOVE ([ ])]]の部分は様態・手段の要素を表す。Path'は非有界的な経路を表し、これも随意的なものとして考える。(xやyは意味構造における項を表し、同じアルファベットが使われていれば、同じ事物を指すことを示す。)なお、TOという有界的な経路をとれる動詞は、そのほかの非有界的な経路もとれると考えることになるが、その逆は成り立たない。このような分析の背景にあるのは、人間にとってゴール表現は特別な位置づけにあるという考え方である。

以下、(35)に関して、それぞれの言語における具体例に対応させた形で見ることにする。

(36) 英語の場合

a. John went to the station.

b. John ran to the station.

c. John danced into the room.

d. John joked his way into the meeting.

e. John danced in the room.

f. John ran toward the station.

g. John felt along the wall.

h. John walked around the lake to the restaurant.

(36a)は英語のAタイプの動詞で、本来的に有界的な経路をとることが可能であるが、(35a)における様態の部分は選択されない。(36b)は英語のBタイプの動詞で、(35a)における上の2

行が選択されることになる。(36c) は英語の C タイプの動詞で，意味拡張というプロセスによって，(35a) における有界的な経路を選択する形式が可能になると考える。(36d) は英語の D タイプの動詞で，way 構文として (35a) における有界的な枠に入ることができる。(36e) は英語の C タイプの動詞が (35b) に対応する場合である。この場合は非有界的な経路をとる。すでに見たように，英語の C タイプの動詞は，(35a) と (35b) の両方の意味構造に対応することになる。(36f) は (35a) において，有界的な経路は抑圧され，非有界的な経路を選択することになる。ここには，run と dance の意味構造の違いが反映している。run の場合は基本的に telic な要素を備え，意味構造としては (35a) に対応することになる。(36g) は (35b) に対応する。(36h) は二つの経路を持つということで，(35a) ですべての要素が選択されていると考える。

(37) 日本語の場合
    a. ジョンは駅へ行った。
    b. ジョンは駅へ走って行った。
    c. ジョンは駅へ向かって走った。
    d. ジョンは駅まで走った。

(37a) は，英語の A タイプの動詞と同様に，(35a) の 1 行目の構造に対応する。(37b) は「走って行った」がひとまとまりになって，英語の B タイプの動詞と同様に，(35a) の上の 2 行を

選択する。(37c) は (35b) で非有界的な経路を選択する。

なお、(37d) については、経路ではなく一般的な限界標識としての「まで」が使われているため、(35) の枠組みに沿ったものとは考えないことになる。ここでは、日本語における表現形式の不足を補う構造として考えることになる。

以上のことは、フランス語やスペイン語についても同様に当てはまる。いくつか例を見てみよう。

(38) a.　La fille est allée à la gare en dansant.
　　　　　(少女は踊りながら駅へ行った)
　　　　　'The girl danced to the station.'

　　b.　La fille a dansé vers le garçon.
　　　　　(少女は少年のほうへ踊って行った)
　　　　　'The girl danced towards the boy.'

　　c.　La fille a dansé jusqu'à la gare.
　　　　　(少女は駅まで踊って行った)
　　　　　'The girl danced to the station.'

(Stringer (2001))

(38a) の場合は、本来的に着点をとることが可能な aller（行く）が使われ、「踊りながら」の部分は en + 現在分詞として補足的に提示されており、(35a) の構造に対応する。一方、(38b) の場合は、日本語と同じように、本来経路をとらない danser（踊る）が、「〜のほうへ」を表す非有界的な vers と共起している。(38c) は

日本語の「まで」と同様の働きをする jusque が用いられている場合である。スペイン語はどうであろうか。

(39) a.　La　botella　entró　　　a　la　　cueva　(flotando).
　　　　the　bottle　　moved-in　to　the　cave　　(floating)

　　　　　　　　　　　　　　　　　　　　　　　　(= 第 2 章 (7))

　　　　（瓶は浮かびながら洞穴の中へ入って行った）
　　　　'The bottle floated into the cave.'

　　　　　　　　　　　　　　　　　　　　　　　　(Talmy (1985))

　b.　La botella flotó hacia la cueva.
　　　（瓶は洞穴のほうへ浮かんで行った）
　　　'The bottle floated towards the cave.'

　c.　Juan bailó hasta la puerta.
　　　（フワンは戸口まで踊って行った）
　　　'Juan danced (all the way) to the door.'

　　　　　　　　　　　　　　　　　　　　　　　　(Aske (1989))

(39a) の場合は，英語の enter にあたる entrar を使ったスペイン語における典型的な移動表現で，(35a) に対応する。(39b) は，flotar（浮かぶ）が非有界的な経路をとる場合，また，(39c) は日本語の「まで」に相当する hasta が使われている場合である。

このように見てくると，日本語，フランス語，スペイン語は，移動表現に関してほぼ平行した振る舞いをすることがわかり大変興味深い。この種の情報は外国語を学習する際には有益な情報と

なるものと思われる。日本では外国語としては主に英語が教えられているが、英語を絶対化するのではなく、他の言語との関係の中で相対化することも必要なように思われる。英語がゴール志向性がとりわけ強い言語であることも、この種の背景とともに提示すれば、学習者の中に一味違った興味を引き起こすことも考えられるのではないだろうか。

5.6. 結果構文の意味構造

3.6節や3.9節では移動表現と結果構文の共通性について述べたが、この共通性は意味構造にどのように反映されるだろうか。3.9節では、次の例のように、移動表現か結果構文かはっきり区別できないような場合も見た。

(40) a. Tory broke the eggs into the bowl.

(= 第3章 (34a))

b. They laughed John out of the room.

(= 第3章 (34b))

c. I vacuumed the crumbs off the rug.

(= 第3章 (34c))

また、英語には (41) のような使役移動構文 (caused-motion construction) というものがある。

(41) a. Dora floated the box into the harbor.

　　　（ドーラは箱を浮かばせて港の中へ流した）

$\hfill$ (Levin and Rapoport (1988))

　　b. John rolled the ball into the hole.

　　　（ジョンはボールを転がして穴の中へ入れた）

このような使役移動構文については，すでに見た (35a) に使役を表す関数 CAUSE を付け加えればよいと思われる。具体的には，(42) のような意味構造になる。

(42) $\begin{bmatrix} \text{CAUSE } ([_{\text{Thing}} x], [_{\text{Event}} \text{GO } ([_{\text{Thing}} y], [_{\text{Path}} \text{TO}] \\ ([_{\text{Thing/Place}} Z])])]) \\ \langle [\text{WITH/BY } [\text{MOVE}([_{\text{Thing}} y])]] \rangle \\ _{\text{Event}} \langle [_{\text{Path}'} \quad] \rangle \end{bmatrix}$

(42) は，動作主が力を加えることによって，他の事物が様態を伴いながら，ある経路に沿って移動することを示す表現に対応していると言えよう。(40) のような中間的な場合についても，ほぼ (42) のような意味構造で対応は可能と思われる。

　結果構文についても，同様のことが言えるのではないだろうか。いわば (42) を「比喩的」に拡張したものが，結果構文の意味構造ということになると思われる。Place によって表される要素は，状態として解釈される場合もあることをすでに見た。ただ，結果構文の場合は，結果状態を導く要因は「行為」((43) で

はDOと表示) ということになる。この点は way 構文が付随的に様態を伴う場合とは少し異なるように思われる。そこで，あくまで暫定的なものではあるが，結果構文の意味構造として以下のようなものを想定することにする。

(43) $\begin{bmatrix} \text{CAUSE } ([_{\text{Thing}} x], [_{\text{Event}} \text{GO } ([_{\text{Thing}} x/y], \\ [_{\text{Path}} \text{TO } ([_{\text{Place/State}} z])])]) \\ _{\text{Event}} [\text{BY } [\text{DO } ([_{\text{Thing}} x])]] \end{bmatrix}$

しかし，結果構文は (43) のような構造で統一的に説明できるような単純なものではないことも確かであるので，その意味構造の詳細については別の機会に譲ることにしたい。なお，さらに詳しい分析については，Jackendoff (1990) などを参照されたい。

5.7. 移動表現と結果構文の統語構造

移動表現や結果構文がどのような統語構造として表示されるかは，重要な問題である。しかし，これまでにもさまざまな提案がなされてきており，それらについて議論の展開を含めてまとめようとすると，かなり細かくなってしまうというジレンマもある。この問題に関しても，本書の精神に則って，できるだけわかりやすい記述を心がけることにする。まずは，本書が基盤とするジャッケンドフの以下の指摘から見ることにしよう。

ひとたび意味構造に独自の生成能力が与えられると，もはや複雑な意味のすべてを統語樹形に盛り込む必要はありません。(Jackendoff (1993)「日本語版へのはしがき」: xii)

私自身は，基本的なスタンスとして，従来から上のような単純化された統語構造の考え方をとってきた。ジャッケンドフの三部門並列モデル (tripartite parallel architecture) (Jackendoff (1997, 2002b) など) のような考え方によれば，統語論，意味論，音韻論は対等な位置づけになる。意味論で必要な意味構造を作り出せるのであれば，統語構造をことさら複雑にする必要はないものと思われる。このような時こそ，解釈規則の出番だと考えている。以下では，統語論的なアプローチをとるとすると，説明が難しくなるのではないかと思われる点をいくつか挙げることにする。(もちろん，統語論的な立場においても，何らかの解決策はあると思われるが。)

移動表現には二つのタイプの経路があることはすでに見たが，次の例のように，二つの前置詞句の順序が交替可能な場合がある。そして，(45) の文は独立に取り出した場合は，有界的な読みと非有界的な読みの両方が可能であるため (第 2 章 (83) 参照)，一つの文には着点は一つという考え方に従えば，(44) における through the field は，強制的に非有界的な読みとして解釈されていることになる。

(44) a. Bill ran through the field into the woods.

(ビルは野原を通って森の中へ駆け込んだ)

  b. Bill ran into the woods through the field.

(Jackendoff (1985))

(45) Bill ran through the field.

上の (45) と共通する面もあるが，すでに見た以下の例についても同様のことが言えそうである。

(46) John ran into the room to the blackboard.

(=第5章 (4))

この場合，into the room には非有界的な読みが与えられていると考えることができよう。into the room は単独で現れる場合は，上の through the field とは異なり，常に有界的ということがあるため，この文の着点である to the blackboard との構造的な関係が問題になろう。いずれにしても，前置詞句に関する有界的，非有界的性質を統語構造の中で表そうとすると，かなり難しくなるのではないだろうか。

さらに，衛星枠付け言語の反映として捉えてきた enter into ～ のような表現も問題になろう。統語論的なアプローチにおいては，into に関しては，経路句 (Path Phrase) における TO と場所句 (Place Phrase) における IN の二つの要素の合成と考えることになると思われるが，enter 自体にもすでに IN と TO が含まれていると考えざるを得ないのではないだろうか。そうなる

と，二組の IN と TO を樹形図においてどのように処理するかということが問題になろう。(enter の意味構造については，Jackendoff (1990) 参照。)

なお，この問題に関しては，ジャッケンドフが挙げている以下のような動詞と不変化詞が組み合わさった構造の分析が参考になろう。

(47) a. 動詞と不変化詞によるイディオム
zone out (もうろうとする)，pass out (意識を失う)

b. 方向を示す不変化詞
Beth carried the food back.
(ベスは食べ物を持ち帰った)

c. アスペクト的不変化詞
Elena drank the milk up.
(エレナはミルクを全部飲んだ)

d. time-*away* 構文
Bill slept the afternoon away.
(ビルは昼間中寝た)

e. V/N-d *out* 構文
I'm (all) knitted out.
(私は編み物をしまくった)

f. *his heart out* に関連した構文
Harold sang his heart out.

(ハロルドは歌いまくった)

(Jackendoff (2002a))

(47) の例から言えることは，これらの不変化詞は，それぞれの意味は異なっても，統語的には同様の位置づけにあるものとして捉えることができるということである。

以上のことを考慮し，本書では，移動表現については，動詞の後に二つの前置詞句が並列する単純な構造を想定し，その具体的な意味については解釈によると考えることにする。

結果構文についても，これまでにさまざまな分析が提案されてきている。どちらかというと，本書はそのごく一部を取り上げたというのが実際のところである。私自身は，3.4 節でも取り上げた Goldberg and Jackendoff (2004) による構文的な考え方をとってきた。構文的な見方では，結果構文をある種のイディオムと考えるため，複雑な統語構造は必要ないことになる。ヘレン・ケラーの英語における形容詞を使った結果構文の少なさを考えると，結果構文については構文的な見方がむしろあっているようにも思われる。なお，into ～ のように前置詞句を使った結果構文と形容詞を使った結果構文の生産性の違いについては，Vanden Wyngaerd (2001) に言及がある。また，生成文法の枠組みから見た結果構文の分析については，Carrier and Randall (1992) などを参照されたい。

あとがき

　本書のねらいは，英語における移動表現と結果構文の分析を通して，英語の構造的な特徴を浮き彫りにすることにあった。本書のこれまでの分析からは，英語は衛星枠付け言語という性質を基盤としたゴール志向性の強い言語であるということが言えるであろう。この点は，日本語と比較をすると，際立った特徴である。本書では，動詞枠付け言語に属すフランス語やスペイン語についても言及したが，おおむね日本語と同様と見てよいようである。ただ，この種の類型はあくまで一般的な傾向として考えるほうがよいということも見た。それぞれの言語で，類型的な制約を補う方策がとられるからである。たとえば，日本語の場合で言えば，複合動詞や「まで」を使うことで対処することになる。

　本書で検討してきた内容は，英語を学ぶ際にもきっと有益な情報になると思われる。日本語を含めた他の言語との比較の中で英語を相対化してみると，今までは理由がよくわからず，ただ覚えていたことが，はっきりと見えてくる場合もあるはずである。本書が，そのような再確認の場になってくれればと願っている。

　第4章ではヘレン・ケラーの書いた英語を見たが，目と耳が不自由な彼女が，最終的に英語を話すようになれたのは，やはり奇跡というほかないであろう。そこでも触れたが，彼女が way

構文や音放出動詞等を正しく使っていることを考えると，彼女が英語という言語にさらされた段階で，移動表現についてはいわばセットで習得できるようになっていたということではないだろうか。おそらくほかの表現についても同様で，英語にさらされることにより，英語をトータルに習得できるようになっていたということであろう。人間の言語の持つ不思議なからくりに改めて驚かされる。なお，ヘレン・ケラーの英語に興味を持たれた方は，是非 *The Story of My Life* を読んでいただければと思っている。

　理論の精緻化が進む中で意味論もかなり難しくなってきているが，本書では，最近の理論的成果を踏まえながらも，まずは意味論の面白さを読者にお伝えしようということでここまで来た。移動表現や結果構文は，人間の解釈が関係する言語表現と言ってよいであろう。私自身は，このような解釈の営みに面白さを見いだしているが，皆さんはどうであろうか。少しでも興味や関心をもたれた方は，参考文献を頼りにしながら，次のステップに進んでいただければと思っている。人間の言語について，きっと新しい発見があるはずである。

参考文献

参考文献において略語表記になっている定期刊行物等は以下のとおりである。

BLS: Proceedings of the n*th Annual Meeting of the Berkeley Linguistics Society*, Berkeley Linguistics Society, Berkeley.
CLS: Papers from the n*th Regional Meeting*, Chicago Linguistic Society, Chicago.
CSLI: Center for the Study of Language and Information, Stanford University.

Aske, J. (1989) "Path Predicates in English and Spanish: A Closer Look," *BLS* 15, 1-14.
Beavers, J. (2008) "On the Nature of Goal Marking and Delimitation: Evidence from Japanese," *Journal of Linguistics* 44, 283-316.
Boas, H. C. (2003) *A Constructional Approach to Resultatives*, CSLI Publications, Stanford.
Carrier, J. and J. H. Randall (1992) "The Argument Structure and Syntactic Structure of Resultatives," *Linguistic Inquiry* 23, 173-234.
Declerck, R. (1979) "Aspect and the Bounded/Unbounded (Telic/Atelic) Distinction," *Linguistics* 17, 761-794.
Depraetere, I. (1995) "On the Necessity of Distinguishing between (Un)boundedness and (A)telicity," *Linguistics and Philosophy* 18, 1-19.
Faber, P. B. and R. Mairal Usón (1999) *Constructing a Lexicon of English Verbs*, Mouton, The Hague.

Fodor, J. A. (1970) "Three Reasons for Not Deriving 'Kill' from 'Cause to Die'," *Linguistic Inquiry* 1, 429-438.

Fukui, N., S. Miyagawa and C. Tenny (1985) "Verb Classes in English and Japanese: A Case Study in the Interaction of Syntax, Morphology and Semantics," *Lexicon Project Working Papers* 3, 1-71, MIT.

Goldberg, A. E. (1995) *Constructions: A Construction Grammar Approach to Argument Structure*, University of Chicago Press, Chicago. [河上誓作ほか(訳) (2001)『構文文法論：英語構文への認知的アプローチ』研究社出版，東京.]

Goldberg, A. E. and R. Jackendoff (2004) "The English Resultative as a Family of Constructions," *Language* 80, 532-568.

Gruber, G. (1976) *Lexical Structures in Syntax and Semantics*, North-Holland, Amsterdam.

池上嘉彦 (1981)『「する」と「なる」の言語学：言語と文化のタイポロジーへの試論』大修館書店，東京.

市川繁治郎ほか(編) (1995)『新編　英和活用大辞典』研究社，東京.

Hale, K. and S. J. Keyser (1992) "The Syntactic Character of Thematic Structure," *Thematic Structure: Its Role in Grammar*, ed. by I. M. Roca, 107-143, Foris, Dordrecht.

Jackendoff, R. (1972) *Semantic Interpretation in Generative Grammar*, MIT Press, Cambridge, MA.

Jackendoff, R. (1983) *Semantics and Cognition*, MIT Press, Cambridge, MA.

Jackendoff, R. (1985) "Multiple Subcategorization and the θ-Criterion: The Case of *Climb*," *Natural Language and Linguistic Theory* 3, 271-295.

Jackendoff, R. (1990) *Semantic Structures*, MIT Press, Cambridge, MA.

Jackendoff, R. (1991) "Parts and Boundaries," *Cognition* 41, 9-45. [Levin and Pinker, eds, (1992), 9-45 に再録]

Jackendoff, R. (1993) *Patterns in the Mind: Language and Human Nature*, Harvester Wheatsheaf, New York. [水光雅則(訳) (2004)『心のパターン：言語の認知科学入門』岩波書店，東京.]

Jackendoff, R. (1996) "The Architecture of the Linguistic-Spatial Interface," *Language and Space*, ed. by P. Bloom et al., 1-30, MIT Press, Cambridge, MA.

Jackendoff, R. (1997) *The Architecture of Language Faculty*, MIT Press, Cambridge, MA.

Jackendoff, R. (2002a) "English Particle Constructions, the Lexicon, and the Autonomy of Syntax," *Verb-Particle Explorations*, ed. by N. Dehé et al., 67-94, Mouton, The Hague.

Jackendoff, R. (2002b) *Foundations of Language: Brain, Meaning, Grammar, Evolution*, Oxford University Press, Oxford. [郡司隆男(訳)(2006)『言語の基盤：脳・意味・文法・進化』岩波書店，東京.]

Jackendoff, R. and D. Aaron (1991) "Review Article on Lakoff and Turner (1989)," *Language* 67, 320-338.

影山太郎 (1996)『動詞意味論：言語と認知の接点』くろしお出版，東京．

影山太郎(編)(2001)『日英対照　動詞の意味と構文』大修館書店，東京．

Klipple, E. (1991) *The Aspectual Nature of Thematic Relations: Locative and Temporal Phrases in English and Chinese*, Doctoral dissertation, MIT.

Klipple, E. (1997) "Prepositions and Variation," *Projections and Interface Conditions: Essays on Modularity*, ed. by A.-M. di Sciullo, 74-108, Oxford University Press, Oxford.

Lakoff, G. (1987) *Women, Fire, and Dangerous Things: What Categories Reveal about the Mind*, University of Chicago Press, Chicago. [池上嘉彦・河上誓作ほか(訳)(1993)『認知意味論』紀伊國屋書店，東京.]

Lakoff, G. and M. Turner (1989) *More Than Cool Reason: A Field Guide to Poetic Metaphor*, University of Chicago Press, Chicago. [大堀壽夫(訳)(1994)『詩と認知』紀伊國屋書店，東京.]

Levin, B. and S. Pinker, eds. (1992) *Lexical & Conceptual Semantics*, Blackwell, Oxford.

Levin, B. and M. Rappaport Hovav (1991) "Wiping the Slate Clean: A Lexical Semantic Exploration," *Cognition* 41, 123-151. [Levin and Pinker, eds. (1992), 123-151 に再録]

Levin, B. and M. Rappaport Hovav (1995) *Unaccusativity: At the Syntax-Lexical Semantics Interface*, MIT Press, Cambridge, MA.

Levin, B. and M. Rappaport Hovav (2005) *Argument Realization*, Cambridge University Press, Cambridge.

Levin, B. and T. R. Rapoport (1988) "Lexical Subordination," *CLS* 24, 275-289.

Marantz, A. (1992) "The *Way*-Construction and the Semantics of Direct Arguments in English: A Reply to Jackendoff," *Syntax and Semantics* 26: *Syntax and the Lexicon*, ed. by T. Stowel and E. Wehrli, 179-188, Academic Press, New York.

Marr, D. (1982) *Vision: A Computational Investigation into the Human Representation and Processing of Visual Information*, Freeman, San Francisco. [乾敏郎・安藤広志(訳) (1987)『ビジョン: 視覚の計算理論と脳内表現』産業図書, 東京.]

松本 曜 (1997)「空間移動の言語表現とその拡張」『空間と移動の表現』, 田中茂範・松本曜(著), 125-230, 研究社出版, 東京.

小野尚之 (2007)「結果述語のスケール構造と事象タイプ」『結果構文研究の新視点』, 小野尚之(編), 67-101, ひつじ書房, 東京.

太田朗・梶田優 (1974)『英語学体系 4 文法論 II』大修館書店, 東京.

Peterson, M. A., L. Nadel, P. Bloom and M. F. Garrett (1996) "Space and Language," *Language and Space*, ed. by P. Bloom et al., 553-577, MIT Press, Cambridge, MA.

Pustejovsky, J. (1991) "The Syntax of Event Structure," *Cognition* 41, 47-81. [Levin and Pinker, eds. (1992), 47-81 に再録]

Pustejovsky, J. (1995) *The Generative Lexicon*, MIT Press, Cambridge, MA.

Rappaport Hovav, M. and B. Levin (1989) "Building Verb Meanings," *The Projections of Arguments*, ed. by M. Butt and W. Geuder, 97-134, CSLI Publications, Stanford.

Ritter, E. and S. Rosen (1996) "Strong and Weak Predicates: Reducing the Lexical Burden," *Linguistic Analysis* 26, 29-62.

Rothstein, S. (2004) *Structuring Events: A Study in the Semantics of Lexical Aspect*, Blackwell, Oxford.

柴田武ほか (1976)『ことばの意味: 辞書に書いてないこと』平凡社, 東

京.

Simpson, J. (1983) "Resultatives," *Papers in Lexical-Functional Grammar*, ed. by L. Levin et al., 143-157, Indiana University Linguistics Club, Bloomington.

Stringer, D. (2001) "The Syntax of Paths and Boundaries," *CLS* 37, 139-153.

Stringer, D. (2006) "Typological Tendencies and Universal Grammar in the Acquisition of Adpositions," *Syntax and Semantics of Prepositions*, ed. by P. Saint-Dizier, 57-68, Springer, Dordrecht.

高見健一・久野暲 (1999)「Way 構文と非能格性 (1), (2), (3)」『英語青年』145 巻, 3-5 号, 8-13, 34-43, 48-54.

Talmy, L. (1985) "Lexicalization Patterns: Semantic Structure in Lexical Forms," *Language Typology and Syntactic Description* (Volume III): *Grammatical Categories and the Lexicon*, ed. by T. Shopen, 57-149, Cambridge University Press, Cambridge.

Talmy, L. (1991) "Path to Realization: A Typology of Event Conflation," *BLS* 17, 480-519.

Tenny, C. (1994) *Aspectual Roles and the Syntax-Semantics Interface*, Kluwer, Dordrecht.

Tenny, C. (2000) "Core Events and Adverbial Modification," *Events as Grammatical Objects: The Converging Perspectives of Lexical Semantics and Syntax*, ed. by C. Tenny and J. Pustejovsky, 285-334, CSLI Publications, Stanford.

Vanden Wyngaerd, G. (2001) "Measuring Events," *Language* 77, 61-90.

Washio, R. (1997) "Resultatives, Compositionality and Language Variation," *Journal of East Asian Linguistics* 6, 1-49.

Wecksler, S. (2005) "Resultatives under the 'Event-Argument Homomorphism' Model of Telicity," *The Syntax of Aspect: Deriving Thematic and Aspectual Interpretation*, ed. by N. Erteschik-Shir and T. Rapoport, 255-273, Oxford University Press, Oxford.

Yoneyama, M. (1986) "Motion Verbs in Conceptual Semantics,"『成蹊大学文学部紀要』2, 1-15.

Yoneyama, M. (1995) "'Rules of Construal': An Analysis of Verbs of Motion,"『長谷川欣佑教授還暦記念論文集』, 馬場彰ほか(編), 505-515, 研究社, 東京.

Yoneyama, M. (1997) "Verbs of Motion and Conceptual Structure: A Contrast between English and Japanese," *The Locus of Meaning: Papers in Honor of Yoshihiko Ikegami*, ed. by K. Yamanaka, 263-276, Kurosio, Tokyo.

Yoneyama, M. (2005) "Lexicalization Patterns and Path Expressions,"『言語研究の宇宙: 長谷川欣佑先生古稀記念論文集』, 今西典子ほか(編), 303-315, 開拓社, 東京.

米山三明・加賀信弘 (2001)『英語学モノグラフシリーズ 17 語の意味と意味役割』研究社, 東京.

Zubizarreta, M. L. and E. Oh (2007) *On the Syntactic Composition of Manner and Motion*, MIT Press, Cambridge, MA.

[Helen Keller]

1902 *The Story of My Life* (A Bantam Classic Book, New York: 1990) (*Story*) [川西進(訳) (1982)『ヘレン・ケラー自伝』ぶどう社, 東京; 岩橋武夫(訳) (1966)『わたしの生涯』の中の「暁を見る」角川書店, 東京.]

1887-1901 *Letters* (A Bantam Classic Book, New York: 1990) (*Letters*) (上記 *Story* の後半に収録)

1908 *The World I Live In* (New York Review Books, New York: 2003) (*World*)

1929 *Midstream: My Later Life* (Greenwood Press, Westport: 1968) (*Midstream*) [岩橋武夫(訳) (1966)『わたしの生涯』の中の「濁流を乗りきって」(*Midstream* の前半) および「闇に光を」(*Midstream* の後半) 角川書店, 東京.]

索　引

1. 日本語はあいうえお順，英語はABC順。なお，〈事項〉の中には，英語について日本語読みで並べたものもある。
2. 数字はページ数を表す。

事　項

[あ行]

アスペクト　32
意味論　v, 2-24
意味解釈　2
意味拡張　50-51, 56, 69-70
意味構造　9-20
意味場　15
意味領域　15
移動 (GO)　10, 19
移動 (Motion)　30
移動物 (Figure)　30
移動表現・移動動詞　v, 随所
　英語の移動動詞　34-70
　　Aタイプ　34, 36-39
　　Bタイプ　34, 39-48
　　Cタイプ　34, 48-51
　　Dタイプ　35, 51-57
　　その他のタイプ　58-62
　英語の移動動詞の構造　63-64
　移動表現の意味構造　148-153

　移動表現の統語構造　155-159
　スペイン語の移動表現　75-76, 79-81
　日本語の移動表現　71-76, 137
　フランス語の移動表現　75-76, 79-81
移動様態動詞　35, 47-48, 73
インターフェイス　21, 99
衛星枠付け言語　28-34, 64, 80, 90, 92, 107, 122, 138, 157, 161
LCS　13-15
音韻論　4
音放出動詞　56-57, 118-119, 162

[か行]

解釈規則　96-98, 120
概念構造　14-15, 42, 99
概念意味論　viii, 13-20, 42, 112
下位範疇化　65
核事象　105-107
囲み (surroundedness)　21
活動の予定　17

169

カテゴリー化　5-8
壁塗り交替　145-146
完結性　32, 141-145
韓国語　35
関数　9
　事象関数 (Event)　18-19
　移動関数 (GO)　18-19
　状態関数 (BE・STAY)　18-19
　指向関数 (ORIENT)　18-19
　拡張関数 (EXTENSION)　18-20
　使役関数 (CAUSE)　19-20
　経路関数 (PATH)　18
　場所関数 (PLACE)　18
擬似結果構文　92
擬似再帰代名詞　94, 101-103, 129
記述的二次述語　129
期間読み　78
起点 (Source)　45
空間機能 (SF)　31-32
空間的位置と移動　16
空間表示　21, 42, 98-99
傾向としての語彙化　78-81, 138, 161
経由読み　38, 44, 120, 134
経路 (Path)　10, 29-31, 随所
　有界的経路　35, 76-78, 132-136, 141, 148-153, 156-157
　非有界的経路　35, 72-74, 76-78, 132-141, 148-153, 156-157

結果構文　v, 33, 84-110, 122-130, 153-155, 159
　結果構文の分類　90-92
　結果構文の意味構造　153-155
　結果構文の統語構造　159
ゲルマン語　35
限界標識 (limit-marker)　74-76
言語使用の創造的側面　3
言語類型論　27-28
語彙意味論　23
語彙概念構造　13-15
語彙化のパターン　26, 30-31, 76, 81, 90, 122, 145
語彙記載項　40
語彙分解　10-11
項　12
GO付加詞規則　51
行為動詞　48, 51, 68, 70
構成性　13
ゴール志向性　89, 153, 161
構文　24, 101, 159

[さ行]

3次元モデル　22
三部門並列モデル　156
使役移動構文　153-154
視覚　20-23, 98
自他の交替　147
自動詞の分類　85-86
事象 (Event)　9-11
事物 (Thing)　10
手段　62-63

状態　15
初期スケッチ　22
所有　15-17
シンデレラ物語　130
生成文法　v, 3, 159
漸増的過程　125
全体解釈　146
選択的他動詞結果構文　93-95
前置詞　21, 23, 28
　　前置詞の機能　31-33
測定副詞　106-107

[た行]

対応規則　10, 99
タイプ (TYPE)　6
着点・ゴール (Goal)　28, 随所
着点標識 (goal-marker)　74
着点読み　38, 44, 50, 104
直接目的語制約　87
強い結果構文　90-92
強い動詞　110
同義性　4
統語論　4, 14
動詞枠付け言語　28-34, 44, 72, 75-76, 80, 90, 92, 138, 144, 161
同属目的語構文　89
特性の帰属　16
トークン (TOKEN)　6

[な行]

２ 1/2 次元スケッチ　22

認知　5
認知科学　4
認知言語学　24
認知制約　14
能格動詞　86

[は行]

場所読み　43, 50, 104
(場所)関係 (REL)　31-32
派生的結果構文　90
反意性　4
非完結性　141-148
非選択的他動詞結果構文　93-95
非対格動詞　85-86
被動作主　90, 101
非能格動詞　85-86
非有界性　35, 76-78, 142-145
比喩的拡張　18
標準理論　v
付加詞　12
複合動詞　43, 122, 145, 147, 161
不変化詞　28, 158-159
文法制約　13-14
ヘレン・ケラーの英語　viii, 6-7, 112-130, 139-140
　　移動表現　113-122
　　結果構文　122-130
　　into　125-130
包含 (containment)　21
方向 (Direction)　28
方向／アスペクト (D/A)　31-33
本来的結果構文　90

[ま行]

ミニマリスト・プログラム　v
無標　38, 96
名詞句読み　61-62

[や行]

有界性　35, 76-78, 95, 142-145
優先規則　11, 64-69
有標　46
様態 (Manner)　22, 29-31, 39-48, 109-110
弱い結果構文　90-92, 96-99
弱い動詞　110

[ら行]

類型　27-34, 72, 81, 161
連続事象読み　61-62
連続動詞言語　35
ロマンス語　35

[わ行]

way 構文　51-56, 99-101, 115-118, 150, 155, 161-162

語　彙

[英語]

almost　11
along　59, 133, 138-140
belch　52
break　86, 110, 147
canoe　63
climb　64-67, 120-121
crawl　43-44
dance　48-51, 69, 117-118, 150
demonstrate　79
devour　47
eat　46-47
enter　33, 38-39, 127-128, 157-158
feel　53-54, 115, 139-141
go　36-38, 随所
happen　85-86
in　21, 28, 46, 103-104
into　41, 103-107, 125-130, 135-136
jump　55-56
keep　15
lend　11
look　68-69
purr　56-57
run　29, 39-48, 84, 87-88, 110, 149-150
see　68-69
sneeze　110
to　103, 随所

toward 140-141, 149
under 37-38, 102, 120
until 122, 124-125
walk 54-55, 110, 115-116
whistle 56

[スペイン語]

hasta（まで） 75, 152
hacia（ほうへ） 80, 152

[日本語]

走る 71-74, 150-151
走って行く 71-74, 150-151
へ 27, 71-72, 79, 随所
まで 74-76, 81, 161
向かって 72
行く 71-72, 150-151

[フランス語]

jusue（まで） 75, 151
mettre（入れる） 28
vers（ほうへ） 80, 151

言　語

英語　随所
スペイン語　vi, 28-31, 35, 75, 80, 152
日本語　27, 43, 71-76, 78-79, 150-151
フランス語　vi, 28, 31-35, 44, 75, 80, 151

人名・出典

Aske, J.（アスケ） 80, 152
Beavers, J.（ビーヴァーズ） 75
Boas, H. C.（ボアズ） 102-103
Carrier, J. and J. H. Randall （キャリアーとランドル） 88, 159
Chomsky, N.（チョムスキー） 3, 15
Declerck, R.（デクラーク） 77-78
Depraetere, I.（デプレテール） 142-143
Faber, P. B. and R. Mairal Usón（フェイバーとマイラル・ウソン） 102
Fodor, J. A.（フォーダー） 10-11
Fukui, N., S. Miyagawa and C. Tenny（福井, 宮川とテニー） 145-146
Goldberg, A. E.（ゴールドバーグ） 88
Goldberg, A. E. and R. Jackendoff（ゴールドバーグとジャッケンドフ） 88, 93-95, 159

Gruber, G（グルーバー） 133, 135

Hale, K. and S. J. Keyser（ヘイルとカイザー） 39

Jackendoff, R.（ジャッケンドフ） ix, 6, 8, 13-20, 22-23, 38, 40-42, 47, 49, 51-56, 64-69, 73, 96-99, 155-159

Jackendoff, R. and D. Aaron （ジャッケンドフとアーロン） 18

Keller, H.（ヘレン・ケラー） viii, 6-7, 53-54, 112-130, 136, 139-140, 161-162

Klipple, E.（クリプル） 28, 31-34, 138-139

Lakoff, G.（レイコフ） 18

Lakoff, G. and M. Turner（レイコフとターナー） 18

Levin, B. and M. Rappaport Hovav（レヴィンとラパポート・ホヴァヴ） 56-57, 87-89, 110

Levin, B. and T. R. Rapoport （レヴィンとラポポート） 44, 70, 154

Marantz, A.（マランツ） 37

Marr, D.（マー） 22

Peterson, M. A., L. Nadel, P. Bloom and M. F. Garrett （ピーターソン，ネイデル，ブルームとギャレット） 21-22

Pustejovsky, J.（プステヨフスキー） 11, 78

Rappaport Hovav, M. and B. Levin（ラパポート・ホヴァヴとレヴィン） 46

Ritter, E. and S. Rosen（リッターとローゼン） 110

Rothstein, S.（ロススタイン） 125

Simpson, J.（シンプソン） 129

Stringer, D.（ストリンガー） 80, 151

Talmy, L.（タルミー） 28-29, 58, 152

Tenny, C.（テニー） 105-107, 133

Vanden Wyngaerd, G.（ヴァンデン・ウィンガード） 159

Washio, R.（鷲尾） 90-92

Wecksler, S.（ウェックスラー） 105

Yoneyama, M.（米山） 58, 73, 79, 132

Zubizarreta, M. L. and E. Oh （ズビザレタとオー） 35

池上嘉彦 78

市川繁治郎ほか 39

太田朗・梶田優 11

小野尚之 125, 130

影山太郎 86, 90

柴田武ほか 67

高見健一・久野暲 54-55

松本曜 135-136

米山三明・加賀信広 24, 61

米山　三明（よねやま　みつあき）

1948年長野県生まれ。1974年東京大学大学院人文科学研究科英語英文学専攻修士課程修了。現在，成蹊大学文学部教授。
　著書・論文:『語の意味と意味役割』(英語学モノグラフシリーズ17，共著，研究社，2001)，『意味論』(英語学文献解題第7巻，共著，研究社，2005)，"Review Article on Ray Jackendoff's *Languages of the Mind: Essays on Mental Representation*" (*English Linguistics* 11，日本英語学会，1994)，"Verbs of Motion and Conceptual Structure: A Contrast between English and Japanese," (*The Locus of Meaning: Papers in Honor of Yoshihiko Ikegami*, くろしお出版，1997)，"Lexicalization Patterns and Path Expressions" (『言語研究の宇宙: 長谷川欣佑先生古稀記念論文集』開拓社，2005) など。

意味論から見る英語の構造
――移動と状態変化の表現を巡って――　　〈開拓社 言語・文化選書15〉

2009年10月20日　第1版第1刷発行

著作者　　米山三明
発行者　　長沼芳子
印刷所　　日之出印刷株式会社

発行所　　株式会社　開拓社
〒113-0023　東京都文京区向丘1-5-2
電話　(03) 5842-8900　(代表)
振替　00160-8-39587
http://www.kaitakusha.co.jp

© 2009 Mitsuaki Yoneyama　　ISBN978-4-7589-2515-0　C1382

®〈日本複写権センター委託出版物〉
本書(誌)を無断で複写複製(コピー)することは，著作権法上の例外を除き，禁じられています。コピーされる場合は，事前に日本複写権センター(JRRC)の許諾を受けてください。
JRRC 〈http://www.jrrc.or.jp　eメール: info@jrrc.or.jp　電話: 03-3401-2382〉